Axel Sell

Handbuch der Tauben

Band I
Zucht und Vererbung bei Tauben

Axel Sell

Bildernachweis:
Soweit nicht anders vermerkt, stammen alle Bilder vom Autor sowie von Karl Stauber.

CIP-Kurztitelaufnahme der Deutschen Bibiliothek

Sell, Axel:
Handbuch der Tauben / Axel Sell. –
Hengersberg: Schober
Bd. 1. Sell, Axel: Zucht und Vererbung bei
Tauben. – 1986

Sell, Axel:
Zucht und Vererbung bei Tauben / Axel Sell.
– Hengersberg: Schober, 1986
   (Handbuch der Tauben / Axel Sell; Bd. 1)
   ISBN 3-88620-032-9

Alle Rechte, auch die der Übersetzung in fremde Sprachen, die teilweise Reproduktion, der auszugsweise Abdruck und Sonderrechte, wie die fotomechanische Vervielfältigung, sind dem Verlag vorbehalten.

© Schober Verlags-GmbH
Donaustraße 23 · Postfach 4
D-8355 Hengersberg

Grafische Gestaltung des Inhalts: Hartmut Messinger/Pfaffenhofen
                                  Leo Gehra/München
Grafische Gestaltung des Umschlags: Leo Gehra/München
Gesamtherstellung: Druckhaus Neue Stalling, Oldenburg

Printed in West Germany
1986

ISBN 3-88620-032-9

Vorwort

Dieses Buch wendet sich vor allem an den aktiven Taubenzüchter. Es bietet die Möglichkeit, die für die Zucht wichtigen Vererbungsgrundsätze an Beispielen kennenzulernen und die gewonnenen Erkenntnisse in Zuchterfolge umzusetzen. Das Buch kann durch detaillierte Beschreibungen der häufigsten und zweckmäßigsten Paarungen von Tauben mit unterschiedlichen Erbanlagen und der aus diesen Paarungen zu erwartenden Nachzucht gleichzeitig als ein Nachschlagewerk auch für diejenigen Züchter dienen, die nicht oder noch nicht in der Lage sind, die Vererbungsgesetze selbständig anzuwenden.

Es werden an konkreten Beispielen aus der Praxis Kenntnisse und Methoden vermittelt, die für die Zuchtpraxis unentbehrlich sind. Durch viele Abbildungen und Tabellen hat diese Schrift außerdem Bedeutung als Orientierungshilfe für eine systematische Einordnung einzelner Farbenschläge nach genetischen Gesichtspunkten. Auf diese Weise werden wichtige Hinweise darüber vermittelt, welche Farbenschläge eng zusammengehören und sinnvoll miteinander verpaart werden können.
Ausführungen über systematisch betriebene Neukombinationen von Erbfaktoren, über das Austesten neuer und das Ausmendeln unerwünschter Eigenschaften sowie Hinweise auf die Vererbung von Leistungsanlagen runden diese Schrift ab.

Trotz einer großen Tradition in der Taubenzucht ist die neuere Entwicklung auf dem Gebiet der Taubengenetik an Deutschland lange vorbeigegangen. Stärker noch als die Schrift „Vererbung bei Tauben" des Verfassers, beruhen die hier zusammengetragenen Ergebnisse deshalb zu einem großen Teil auf den Erkenntnissen amerikanischer Züchter und Wissenschaftler, deren Leistung für die Taubenzucht durch die Hinweise im Text und im Literaturverzeichnis nur unvollständig gewürdigt werden kann. Der Zugang zur amerikanischen Literatur wird dadurch erleichtert, daß die Bezeichnungen und Symbole für die einzelnen Erbfaktoren in diesem Buch weitgehend der internationalen Literatur entsprechen.

Zu danken habe ich vor allem Dr. Hollander, ohne dessen systematische Arbeiten über Vererbungsfragen ein solches Buch nicht möglich gewesen wäre, der das Entstehen des Buches von Anbeginn mit Interesse verfolgt und auch Fotos seltener Mutationen bereitgestellt hat.

Hier gilt mein Dank auch Karl Stauber, Ingolf Jungnickel und Josef Wolters, die zum Teil gezielt für dieses Buch Fotos gemacht haben.
Nicht zuletzt danke ich der Schober Verlags-GmbH für die großzügige Ausstattung des Buches, insbesondere Herrn Hartmut Messinger, der dieses Buch mit außergewöhnlichem Engagement mitgestaltet hat.

Es bleibt zu hoffen, daß diese Schrift das Interesse an Fragen der Taubengenetik auch in Deutschland wecken wird.

Achim, 1986   Axel Sell

Inhalt

Teil 1
Einführung

Grundfragen	12
Reinerbigkeit – Mischerbigkeit	14
Kurzbezeichnung für Erbfaktoren	15
Einführung am Beispiel der Hauptfärbungen	16
Grundfarbe, Zeichnung, modifizierende Faktoren	16
Vererbung der Zeichnung	21
Vererbung der Grundfarbe	29
Vererbung des Ausbreitungsfaktors für Farbe	36
Zusammenfassende Betrachtung von Grundfarbe, Zeichnung und Ausbreitungsfaktor	42
Erfassung der Erbinformationen	42
Systematisches Vorgehen bei mehreren beteiligten Erbanlagen	45
Zusammenfassende Übersicht	53
Diagnoseprobleme	55

Teil 2
Weitere Erbfaktoren

Färbungen	58
Rezessiv Rot	58
Verdünnungsfaktoren	62
Dilution	62
Pale	70
Reduced	71
Almond und die dazugehörigen Allele	74
Almond	74
Kennfarbigkeit	85
Qualmond und Hickory	87
Schimmel	87
Pencilled	91
Eisfarben	93
Milky	94
Indigo	96
Rezessiv Opal	101

Platin	102
Bronze	104
Vorbemerkungen	104
Modena-Bronze	106
Gimpeltauben-Bronze	109
Brander-Bronze	110
Libanon-Bronze	111
Kite	112
Tippler- und Roller-Bronze	112
Toy Stencil	112
Orient Stencil	117
Dominant Opal	120
Smoky	122
Sooty und Dirty	125
Weiß	126
Scheckfaktoren	127
Mosaik	130
Federstrukturen	132
Federstrukturen im Kopfbereich	132
Weitere Strukturen	134
Beispiel für die Vererbung der Kappe	136
Weitere Merkmale	139
Verhaltensanlagen	139
Sonstige	141

Teil 3

Weitere Fragestellungen

Faktorenkoppelungen	144
Korrelationen	148
Vielgenige Bestimmung eines Merkmals (Polygenie) bei quantitativen Merkmalen und Federstrukturen	150
Vorbemerkungen	150
Schnabellänge	150
Federlänge	151
Halskrause	152
Vererbung von Leistungsanlagen	156
Populationsgenetik	159

Teil 4
Züchtungspraxis

Kombinationskreuzungen innerhalb einer Rasse	163
Einführung von Erbfaktoren aus anderen Rassen	163
Einführung eines dominanten, nicht geschlechtsgebundenen Faktors	163
Einführung eines dominanten, geschlechtsgebundenen Faktors	165
Einführung eines rezessiven, geschlechtsgebundenen Faktors	167
Einführung eines rezessiven, nicht geschlechtsgebundenen Faktors	168
Austesten von Erbfaktoren	170
Grundsätzliches Vorgehen	170
Das Beispiel Erratic	171
Ausmendeln von Erbfaktoren	173
Problemstellung	173
Der Zuchtplan	175
Gebrauchskreuzungen bei Leistungsanlagen	178

Teil 5
Anhang

Schlußbemerkung	184
Lösungen der Übungen 1 bis 6	186
Symbolverzeichnis	192
Fachbegriffe	194
Typische Erbstruktur verschiedener Farbenschläge	196

Literaturverzeichnis

Register

Einführung

Teil 1

Einführung

Grundfragen

Die Vererbungslehre befaßt sich mit der Frage, nach welchen Gesetzmäßigkeiten bestimmte Merkmale von den Eltern auf die Nachkommen übertragen werden. Die Übertragung erfolgt dadurch, daß die Eltern bei der Zeugung bestimmte Stoffe und Strukturen an ihre Nachkommen weitergeben.

Träger der einzelnen Erbanlagen sind die Chromosomen oder Kernfäden. Diese Chromosomen besitzen eine Vielzahl von linear angeordneten Genen, die die Erbinformationen für ein bestimmtes Merkmal enthalten. Diese Merkmale können sich auf den Körperbau, das übrige Erscheinungsbild oder auf das Verhalten beziehen.

Die Chromosomen kommen paarweise vor, wobei jeweils eines von einem Paar vom Vater und das andere von der Mutter stammt. Die auf einem solchen Paar Chromosomen angesiedelten Gene beziehen sich jeweils auf die gleichen Merkmale und besitzen die gleiche lineare Anordnung für die einzelnen Gene. Wenn also auf dem einen Teil des Chromosomenpaares eine Erbinformation über die Zeichnung des Gefieders (Hämmerung, Bindenzeichnung oder hohlige Zeichnung) enthalten ist, so ist auch auf dem anderen Teil des Chromosomenpaares eine solche Information enthalten. Diese kann identisch sein, muß es aber nicht sein.

Einige Gene beeinflussen mehrere Merkmale, während wiederum die meisten Merkmale mehr oder minder stark von verschiedenen Genen beeinflußt werden. Auf diese Fragen wird später intensiver einzugehen sein.

Einführung

Im folgenden soll beispielhaft zunächst die Gefiederfarbe betrachtet werden. Es muß hierbei berücksichtigt werden, daß die einzelnen in den Musterbeschreibungen der Rassen aufgeführten Farbenschläge nur durch das Zusammenwirken vieler Erbfaktoren erklärt werden können, die unterschiedlichen Gruppen angehören, also nicht an derselben Stelle auf einem bestimmten Chromosom angesiedelt sind. Es gibt eine Gruppe von Erbfaktoren, die die Grundfarbe beeinflußt. Daneben existiert eine zweite Gruppe von Erbfaktoren auf einem anderen Chromosom, die die Verteilung der Grundfarbe, des Pigments, bestimmt. Neben diesen beiden Gruppen von Erbfaktoren existieren weitere – auf den gleichen Chromosomen und auf anderen – die weitere Veränderungen der Färbung hervorrufen. Das Erscheinungsbild einer Taube wird dann durch das Zusammenwirken aller dieser Faktorgruppen bestimmt. Das bedeutet für die weitere Untersuchung, daß durch die Paarung zweier verschiedener Farbenschläge miteinander in der Regel gleichzeitig mehrere verschiedene Neukombinationen von Erbfaktoren verschiedener „Ebenen" stattfinden. Diese „Ebenen" muß man gedanklich getrennt betrachten, wenn man einen systematischen Einblick in die Vererbung gewinnen will. Man muß sich also z. B. völlig von dem Gedanken lösen, daß man bei der Betrachtung der Paarung etwa einer blauen Taube mit einer rotfahlgehämmerten nur eine Gruppe von Erbfaktoren zu beachten hat. Wie im folgenden deutlich werden wird, muß man bei diesem Beispiel zumindest zwei Gruppen von Erbfaktoren betrachten, und zwar die Erbfaktoren für die Farbe des Pigments und die Erbfaktoren für die Zeichnung.

Eine Gruppe solcher zusammengehörender Erbanlagen bezeichnet man auch als Allele. Es handelt sich dabei also um alternativ ausgeprägte Gene, die sich auf das gleiche Merkmal beziehen.

Die folgenden Abschnitte beschränken sich zunächst auf drei Gruppen von Erbfaktoren. Mit diesen drei Gruppen kann jedoch schon ein großer Teil der bei Haustauben vorhandenen Farbenschläge im Erbverhalten erklärt werden. Die Aussagen über die Farbvererbung gelten auch für die farbigen Federfluren bei gescheckten Farbenschlägen wie Elstern, Weißschlägen sowie Schild- und Schwalbentauben. Die an diesen Beispielen aufgezeigten Gesetzmäßigkeiten haben auch grundsätzliche Gültigkeit für andere, nicht die Färbung betreffende Merkmale, die später behandelt werden.

1 Einführung

Die Erkenntnisse über die Vererbung einzelner Merkmale bilden die Grundlage für eine systematisch betriebene Zucht, die man als planmäßige Paarung im Hinblick auf ein bestimmtes Zuchtziel bezeichnen kann.

Die Vielfalt im Erscheinungsbild unserer Haustauben verdanken wir sprunghaften Änderungen im Erbgefüge, Mutationen, und Züchtern, die diese Abweichungen erkannt, gepflegt und züchterisch kombiniert haben. Die für den Züchter interessanten Mutationen sind Genveränderungen in den Geschlechtszellen, die weitervererbt werden können. Daneben kennt man die sogenannten somatischen Mutationen, die in den Körperzellen (somatische Zellen) des Organismus auftreten. Diese werden im Entwicklungsprozeß des Individuums bei der Zellteilung an die Nachkommen dieser Zelle weitergegeben und können bei den betreffenden Individuen – insbesondere wenn sie in einem frühen Entwicklungsstadium eintreten – interessante Wirkungen hervorrufen, die nicht an die Nachkommen vererbt werden. Beispiele sind verschiedenfarbige Augen und Farbveränderungen einzelner Federpartien.

Von geringem Interesse für die praktische Zucht sind auch Kreuzungen der von der Felsentaube abstammenden Haustaube mit anderen Spezies. Soweit aus solchen Kreuzungen lebensfähige Jungtiere entstammen – wie aus Paarungen mit Hohl-, Lach- und Ringeltauben – so sind diese in der Regel steril. Rückpaarungen von Ringeltauben-Kreuzungstäubern an Ringeltaubenweibchen erbrachten gelegentlich Nachzucht, die ihrerseits aber steril war (Levi 1965, Hollander 1983, Gray 1958).

Reinerbigkeit – Mischerbigkeit

Abgesehen von der geschlechtsgebundenen Vererbung treten die Erbinformationen, die die Ausprägung eines Merkmals bestimmen, jeweils paarweise auf. Bei geschlechtsgebundenen Erbanlagen besitzt das Weibchen nur eine solche Information, worauf bei der Darstellung der Vererbung der Grundfarbe einzugehen sein wird. Sind die Erbinformationen eines solchen Paares identisch oder existiert bei geschlechtsgebundener Vererbung bei einem Weibchen nur eine Information, so spricht man von Reinerbigkeit bezüglich dieser Anlage. Der Begriff „reinerbig" bezieht sich also nur auf die jeweils betrachtete Erbanlage. Ein Tier kann also reinerbig für die bindige Zeichnung sein, aber mischerbig für die Grundfarbe.

Abb. 1

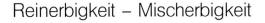

Abb. 1. 1,0 Hybrid aus Haustaube (1,0 Tümmler) und 0,1 Lachtaube (Foto: Hollander)
Abb. 2. Felsentaube

Mischerbigkeit bedeutet, daß sich die beiden Erbinformationen eines Paares solcher Informationen unterscheiden. Die Erbinformation, die sich bei Mischerbigkeit im Erscheinungsbild (Phänotyp) durchsetzt, wird als dominant gegenüber der anderen Erbinformation bezeichnet. Die überdeckte Erbinformation ist entsprechend rezessiv. Intermediär – dazwischenliegend – werden Erbfaktoren genannt, bei denen bei zwei verschiedenen Erbinformationen im Erbgut (Genotyp) im Erscheinungsbild eine Zwischenstufe erreicht wird. Dieses dürfte streng genommen im übrigen der häufigste Fall sein, denn in den meisten Fällen sind z. T. unauffällige Farbabweichungen als Hinweise auf Mischerbigkeit zu finden. Man spricht dennoch von dominanten Erbfaktoren, wenn diese sich ganz überwiegend gegenüber dem anderen Faktor durchsetzen.

Kurzbezeichnung für Erbfaktoren

Abb. 2

Es hat sich eingebürgert, für einzelne Erbfaktoren Kurzbezeichnungen, Symbole, zu verwenden. Dieses erleichtert die Darstellung der Vererbungsgänge ungemein. Wie bereits dargestellt, kann man von Dominanz bzw. Rezessivität eines Erbfaktors nur in bezug auf einen anderen Erbfaktor sprechen. Um für die Untersuchung und Darstellung von Erbvorgängen eine einheitliche Vergleichsbasis zu haben, hat es sich als zweckmäßig erwiesen, Dominanz oder Rezessivität von Erbfaktoren auf das jeweilige Erscheinungsbild dieser Anlage bzw. auf die dahinterstehende Erbinformation bei der blau-bindigen Felsentaube zu beziehen. Das Aussehen der Felsentaube kann als bekannt vorausgesetzt werden. Um die wichtigsten Punkte kurz in Erinnerung zu rufen: Die Farbe des Pigments ist schwarz, sie besitzt die Zeichnungsanlagen für Binden und hat damit eine blaugraue Färbung mit zwei schwarzen Binden auf dem Flügelschild und eine schwarze Schwanzbinde. Der Schnabel ist dunkelfarbig, das Auge orange-gelb, sie ist glattfüßig, hat einen schmalen Schwanz mit 12 Schwanzfedern, ist glattköpfig und weist auch sonst keine auffälligen Federstrukturen auf. Die Täubinnen sind weniger klar gefärbt als die Täuber, und sie weisen auch einen geringeren Metallglanz auf.

Einführung

Für Erbinformationen, die mit diesem Wild-Typ übereinstimmen, wird das Symbol + verwendet. Wenn also z. B. von der Kopfstruktur die Rede ist (Kappe oder glattköpfig), so bedeutet + die Erbinformation glattköpfig. Wenn von der Zeichnung gesprochen wird, so bedeutet + bindig, wenn die Grundfarbe diskutiert wird, so bedeutet + schwarzes Pigment. Wenn von der Augenfarbe die Rede ist, so bedeutet + orange-gelbe Färbung.

Erbfaktoren, die auch bei Mischerbigkeit eine starke Veränderung des Erscheinungsbildes zeigen, also dominieren, werden mit großen Buchstaben bezeichnet. Rezessive Erbfaktoren, die sich nur bei Reinerbigkeit im Erscheinungsbild zeigen, erhalten kleine Buchstaben als Symbol. Allele erhalten in Groß- und Kleinschreibung die gleichen Buchstaben, wobei bei mehreren Allelen weitere Unterscheidungen durch hochgestellte Buchstaben erfolgen. Es werden hier die in der internationalen Literatur verbreiteten Symbole benutzt.

Einführung am Beispiel der Hauptfärbungen

Anstelle theoretischer Erörterungen wird hier eine Einführung anhand praktischer Beispiele versucht. Die Begriffe „Dominanz", „Rezessivität" und „intermediäre Vererbung" sind auf diese Weise am leichtesten mit konkreten Vorstellungen zu verknüpfen. Gleiches gilt für die wichtige Frage, ob bestimmte Erbanlagen Allele sind oder sich an unterschiedlichen Stellen im Erbgefüge befinden.

Auch diejenigen, die nicht unmittelbar an den hier angesprochenen Färbungen interessiert sind, sollten deshalb versuchen, sich mit den Vererbungsschemata anhand der dargestellten Beispiele vertraut zu machen. Mit der Zeichnung und dem Ausbreitungsfaktor für Farbe werden zwei Fälle einer nicht geschlechtsgebundenen Vererbung dargestellt und mit der Vererbung der Grundfarbe ein Fall der geschlechtsgebundenen Vererbung. Die beiden hier entwickelten Grundschemata für diese beiden grundsätzlich zu unterscheidenden Fälle können unmittelbar auf andere Erbfaktoren angewendet werden, sobald bekannt ist, ob diese geschlechtsgebunden oder nicht geschlechtsgebunden vererbt werden. Dieses gilt auch für Erbfaktoren, die nicht die Färbung betreffen, z. B. Federstrukturen.

Abb. 3. Saarlandtaube, Rotfahl mit Binden

An den hier dargestellten Beispielen läßt sich gleichzeitig erkennen, daß es für die genetische Analyse einzelner Merkmale wie etwa der Färbung meist nicht ausreicht, nur den Erbgang einer einzelnen Gruppe von Allelen – z.B. der Zeichnungsanlagen – zu betrachten. Man muß i.d.R. gleichzeitig eine große Anzahl von Erbfaktoren berücksichtigen, wenn man zu befriedigenden Erklärungen gelangen will.

Grundfarbe, Zeichnung, modifizierende Faktoren

Einen Farbenschlag kann man danach einordnen

- welche Grundfarbe (Farbe des Pigments),
- welche Zeichnung und
- welche weiteren modifizierenden Faktoren

er besitzt.

Bei der Grundfarbe unterscheidet man schwarzes, rotes und braunes Pigment, wozu Weiß als Sonderfall hinzutritt. Hier kann sich die Färbung aufgrund besonderer Erbfaktoren nicht auswirken. Weiß wird deshalb später gesondert behandelt.

Abb. 3

Bei der roten Grundfarbe handelt es sich um das sogenannte „Brieftaubenrot", auch als Aschrot oder Dominant Rot bekannt. Die Bezeichnung „Brieftaubenrot" wurde deshalb gewählt, weil dieser Erbfaktor für die bei den Brieftauben typische Rotfärbung verantwortlich ist. Die andere Rotvariante, die besonders häufig bei Tümmlern, Farbentauben und Kröpfern vorkommt, wird entsprechend Tümmlerrot oder auch Rezessiv Rot genannt. Diese Variante kommt bei den Brieftauben ausgesprochen selten vor. Die Bezeichnung „Brieftaubenrot" sollte nicht zu dem Fehlschluß verleiten, daß diese Färbungen auf Brieftauben und verwandte Rassen beschränkt wäre. Der Faktor ist schon lange vor Entstehen der modernen Brieftaube bei zahlreichen anderen Rassegruppen, auch bei den Tümmlern, verbreitet gewesen. Typisch für Farbenschläge mit dem Brieftaubenrot sind hellgraue Schwingen und Schwänze. Die als „Fahl" bezeichneten Farbenschläge gehören zu einem großen Teil zu dieser Gruppe. Typische Beispiele sind rotfahle, rotfahlgehämmerte, gelbfahle und gelbfahlgehämmerte Tiere. Das Brieftaubenrot muß streng von der zweiten Rotvariante unterschieden werden. Typische Tiere mit dem Rezessiv Rot sind vollständig Rot/Braun durchgefärbt und besitzen auch einen intensiv durchge-

1 Einführung

färbten Schwanz und durchgefärbte Schwingen. Die bestgefärbten Exemplare haben im übrigen sogar schwarzes Pigment als Grundlage ihrer Färbung. Dieser Hinweis mag zunächst genügen, um deutlich zu machen, daß das Rezessiv Rot mit den Grundfarben nichts zu tun hat, insbesondere nicht selbst zu diesen Grundfarben zu rechnen ist. Auf diesen Faktor und sein Zusammenwirken mit anderen wird später gesondert einzugehen sein.

Schwarzes Pigment ist die häufigste Grundfarbe der Tauben. Die Felsentaube als Ursprung der Haustaube hat schwarzes Pigment und gleiches gilt für blaue, blaugehämmerte, dunkle, schwarze, dunfarbene, blaufahle, eisfarbene und viele andere Farbenschläge der Haustauben.

Abb. 4

Die dritte Grundfarbe, Braun – früher mitunter auch Schokolade genannt –, ist vergleichsweise selten zu finden und auch erst relativ spät als eigenständige Grundfarbe erkannt worden. Vor den Untersuchungen von Metzelaar (1926) sowie Christie und Wriedt (1927) wurde die braune Grundfarbe mit den Verdünntfarben bei schwarzem Pigment verwechselt. Einfarbig braune Tauben wurden z. B. als dunfarbene (verdünnt Schwarz) eingestuft, ein Fehler, der auch heute noch vielfach gemacht wird. Die Verdünntfarben werden ebenfalls in einem späteren Absatz gesondert behandelt, so daß dieser Punkt hier nicht weiter vertieft werden soll.

Unter Zeichnung versteht man Muster wie Binden bzw. das Fehlen von Binden (hohlige Zeichnung), Hämmerungen in verschiedenen Intensitäten bis hin zu einer sehr dunklen Hämmerung, bei der das Flügelschild fast schwarz erscheint. Diese Zeichnungen kommen bei allen drei Grundfarben – Schwarz, Rot und Braun – vor. Bei schwarzem Pigment unterscheidet man dabei in der Regel die Farbenschläge Blau mit Binden, Blau ohne Binden (Blauhohlig), Blaugehämmert und Dunkelgehämmert. Der letzte Farbenschlag wird bei einigen Rassen wie den Deutschen Schautauben „Dunkel" genannt und ist auch bei Brieftauben häufig zu finden. Bei rotem Pigment erhält man entsprechend die Farbenschläge Rotfahl mit Binden (auch Fahl mit roten Binden oder einfach Rotfahl genannt), Fahl ohne Binden (Fahlhohlig), Rotfahlgehämmert (mitunter einfacher Rotgehämmert) und Rotfahldunkelgehämmert. Letzterer Farbenschlag wird mitunter „Rot mit hellen Schwingen und Schwanz", „Dominant Rot" oder auch einfach „Rot" genannt. Bei brauner Grundfarbe ensteht die gleiche Farbenschlagreihe, beginnend mit Braunfahl (auch „Fahl mit braunen Binden" genannt).

1 Einführung

Abb. 4. King, Braunfahl

Dieser Farbenschlag ist häufig bei den King zu finden. Die anderen Farbenschläge der Reihe sind Braunfahl ohne Binden, Braunfahlgehämmert und Braunfahldunkelgehämmert.

Bei den modifizierenden Faktoren soll zunächst nur der Ausbreitungsfaktor für die Farbe behandelt werden. Wenn man nämlich das Zusammenspiel von Farbe, Zeichnung und Ausbreitungsfaktor verstanden hat, so ist man in der Lage, anhand der weiteren Angaben mit zusätzlichen Erbfaktoren zu arbeiten.

Die Bedeutung des Ausbreitungsfaktors für Farbe (in der amerikanischen Literatur: Spread factor mit dem Symbol S) liegt darin, daß sich die hier aufgeführten Zeichnungen im Erscheinungsbild eines Tieres nicht zeigen können, wenn dieser Erbfaktor im Erbgut vorhanden ist. Die Struktur des Pigments wird durch diesen Faktor so beeinflußt, daß eine ziemlich gleichmäßige Färbung erreicht wird, die die Zeichnung weitgehend überdeckt. So wird ein Tier mit schwarzer Grundfarbe unabhängig von der im Erbgut vorhandenen Zeichnungsanlage einfarbig Schwarz, ein Tier mit brauner Grundfarbe einfarbig Braun und eines mit brieftaubenroter Grundfarbe einfarbig Fahl.

S überdeckt allerdings nicht alle anderen Erbfaktoren, und im Zusammenwirken mit einigen von ihnen kommt es dazu, daß sich die Zeichnungen trotz S wieder zeigen können. Dieses gilt z. B. für den später zu behandelnden Faktor Toy Stencil.

Ohne dem folgenden vorgreifen zu wollen muß betont werden, daß S nicht Einfarbigkeit bedeutet. Dieses wird aus der Anmerkung über Toy Stencil deutlich, gilt aber z. B. auch für alle gescheckten Farbenschläge. Der Faktor S kann hier nur auf die farbigen Federfluren wirken.

Betrachten wir zunächst nur die Grundfarbe, die Zeichnung und den Ausbreitungsfaktor. Bei der Grundfarbe kennt man drei verschiedene Ausprägungen (Schwarz, Brieftaubenrot und Braun), bei der Zeichnung unterscheidet man in der Regel vier (Hohlig, Binden, Hämmerung, dunkle Hämmerung) und beim Ausbreitungsfaktor zwei (Spread und den Wild-Typ, der S nicht besitzt). Wenn man diese drei Gruppen miteinander kombiniert, so ergeben sich daraus $3 \times 4 \times 2 = 24$ unterschiedliche genetische Möglichkeiten, die in der Abbildung 5 aufgeführt sind.

Abb. 5

Grund-farbe	Zeichnung	Ausbreitungsfaktor	Erscheinungsbild
Schwarz	Hohlig	Spread	Schwarz
		+	Blau ohne Binden
	Bindig (+)	Spread	Schwarz
		+	Blau mit Binden
	Gehämmert	Spread	Schwarz
		+	Blaugehämmert
	Dunkelgeh.	Spread	Schwarz
		+	Dunkel
Brieftaubenrot	Hohlig	Spread	Fahl (einfarbig)
		+	Fahl ohne Binden
	Bindig (+)	Spread	Fahl (einfarbig)
		+	Fahl mit roten Binden
	Gehämmert	Spread	Fahl (einfarbig)
		+	Rotfahlgehämmert
	Dunkelgeh.	Spread	Fahl (einfarbig)
		+	Rot mit hellen Schwingen und Schwanz
Braun	Hohlig	Spread	Braun
		+	Braunfahl ohne Binden
	Bindig (+)	Spread	Braun
		+	Braunfahl mit Binden
	Gehämmert	Spread	Braun
		+	Braunfahlgehämmert
	Dunkelgeh.	Spread	Braun
		+	Braunfahldunkelgehämmert

Abb. 5. Kombinationsmöglichkeiten v㏒ Grundfarbe, Zeichnung und Ausbreitung㎍faktor

Abb. 6. Münsterländer Feldtaube, Blau oh㎍ Binden (Hohlig)

Abb. 7. Eichbühler, Blaugehämmert

Abb. 8. Poster, Rotfahlgehämmert

Abb. 9. Brieftaube, Braunfahlgehämmert

Abb. 6   *Abb. 7*   *Abb. 8*

Abb. 9

Vererbung der Zeichnung

Wie bereits ausgeführt wurde, unterscheidet man normalerweise vier Zeichnungsarten. Das Gen für die Zeichnung kann also vier unterschiedliche Ausprägungen haben, die man als Allele bezeichnet. Da es hier mehr als zwei alternative Ausprägungen sind, spricht man auch von multiplen (mehreren) Allelen.

Das Standardgen für Zeichnung ist bindig mit dem Symbol +. Ein reinerbig bindiges Tier ist erbmäßig dadurch gekennzeichnet, daß es dieses Gen zweimal besitzt, was durch + + gekennzeichnet werden kann. Die hohlige Zeichnung ist rezessiv zu bindig und erhält entsprechend ein Symbol mit kleinem Buchstaben, c. Ein hohliges Tier hat dann die Kennzeichnung c c. Ein bindiges Tier, das mischerbig für die hohlige Zeichnung ist, erhält entsprechend die Kennzeichnung c +. Die gehämmerte Zeichnung dominiert über die bindige Zeichnung und auch über hohlig. Ein reinerbig gehämmertes Tier hat die Zeichnungsanlage C C, wobei das Symbol C von der amerikanischen Bezeichnung für Hämmerung (checker) abgeleitet ist. Gehämmerte Tiere können mischerbig für die bindige Zeichnung und für hohlig sein. Solche Tiere wären dann durch C + bzw. C c gekennzeichnet.

Einführung

Die dunkle Hämmerung mit dem Symbol C^T (T-pattern checker) dominiert über alle anderen drei genannten Zeichnungen. Ein reinerbiges Tier für diese Erbanlage liegt vor bei $C^T C^T$. Mischerbige Tiere für Binden sind gekennzeichnet durch $C^T +$, mischerbige für Hämmerung durch $C^T C$ und mischerbige für hohlig durch $C^T c$.

Abb. 10

Am anschaulichsten wird der Erbgang mit Hilfe des Punnettschen Quadrates gemacht, auf das im folgenden deshalb zurückgegriffen wird.

Man trägt dazu in der Kopfzeile des Quadrates die beiden Erbinformationen der Täubin (0,1) ab und in der Kopfspalte die Erbinformation des Täubers (1,0):

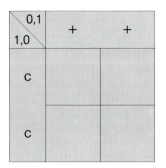

An den Symbolen erkennt man, daß es sich um eine reinerbig bindige Täubin und um einen reinerbig hohligen Täuber handelt.

Die Erbanlagen und das Erscheinungsbild der Nachzucht lassen sich jetzt sehr leicht ermitteln, indem die leeren Felder des Quadrates mit den Informationen gefüllt werden, die links vom jeweiligen Feld und oberhalb des jeweiligen Feldes zu finden sind:

Abb. 10. Dragoon, Blau mit Binden

Einführung

	0,1	+	+
1,0			
c		c +	c +
c		c +	c +

Durch diese Kombinationen sind alle Möglichkeiten der Nachzucht aus der Paarung erfaßt. In diesem besonders einfachen Fall besitzen alle Jungtiere die Erbanlagen c +.

Aus den vorangehenden Ausführungen ist bekannt, daß Tiere mit solchen Erbanlagen die Zeichnung Binden zeigen und mischerbig für die hohlige Zeichnung sind.
Um die „Mechanik" des Punnettschen Quadrates noch deutlicher offenzulegen, einige weitere Beispiele.

Nehmen wir an, die Jungtiere aus dem ersten Beispiel mit den Zeichnungsanlagen c + werden miteinander gepaart. Dieses läßt sich wie folgt darstellen:

	0,1	c	+
1,0			
c		c c	c +
+		+ c	+ +

Man erhält jetzt drei verschiedene Typen von Jungtieren: c c, + + und c + bzw. + c. Letztere Typen (c + und + c) können genetisch als identisch angesehen werden. Die Reihenfolge der Symbole ist beliebig.

Bei c c handelt es sich um (natürlich reinerbige) hohlige Tiere, bei + + um reinerbig bindige Tiere und bei c + um mischerbig bindige Tiere. Wenn nur ein Jungtier aus einer solchen Paarung gezogen wird, so ist es zufällig, welchem der drei Typen es angehört. Bei einer großen Zahl wird aber jedes einzelne Feld einen Anteil von 25 % haben, d. h. ein Viertel wird hohlig sein, ein Viertel reinerbig bindig und die Hälfte bindig, aber mischerbig für die hohlige Zeichnung.

Abb. 11

Als weiteres Beispiel sei angenommen, man würde ein dunkelgehämmertes Weibchen (C^T), das mischerbig für Binden ist, mit einem gehämmerten Täuber paaren, der ebenfalls mischerbig für Binden ist:

0,1 / 1,0	C^T	+
C	C C^T	C +
+	+ C^T	+ +

Bei dieser Paarung erhält man offenbar vier genetisch unterschiedliche Typen in der Nachzucht. Ein Viertel ist C C^T und damit dunkelgehämmert, aber mischerbig für Hämmerung. Ein Viertel ist + C^T und deshalb dunkelgehämmert, aber mischerbig für Binden. Ein weiteres Viertel ist C +, d. h. gehämmert, aber mischerbig für Binden, und schließlich ist das restliche Viertel + +, d. h. reinerbig bindig. Es ist eine gute Übung, sich diese „Mechanik" an weiteren Beispielen einzuprägen. Der Leser möge als Übung 1 z. B. untersuchen, welche Nachzucht erzielt wird, wenn die im letzten Beispiel genannte Nachzucht untereinander gepaart wird. Für die Fälle, daß Tiere C C^T untereinander, C +, + C^T und + + jeweils untereinander gepaart werden, findet sich die Auflösung im Anhang (Übung 1).

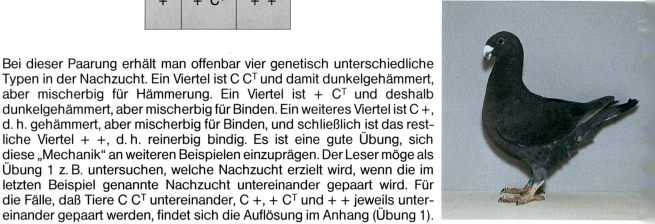

Abb. 12

Einführung

Da C^T über alle anderen Zeichnungen, C über + und c, sowie + über c dominiert, kann man die Rangfolge der Zeichnungen auch wie folgt ausdrücken: $C^T > C > + > c$.

Aus Paaren mit Zeichnungen eines höheren Ranges können nach den obigen Ausführungen also Jungtiere mit Zeichnungen niederen Ranges fallen, nie aber umgekehrt. Aus bindigen Paaren können deshalb hohlige Jungtiere fallen, nie aber gehämmerte oder dunkelgehämmerte.

Bisher wurde davon ausgegangen, daß die Erbanlagen der Elterntiere bekannt waren. Man kann nun andererseits auch vom Aussehen der Nachzucht auf die Erbanlagen der Elterntiere schließen. Wenn z. B. aus einem bindigen Paar ein hohliges Jungtier gezogen wird, so kann man sich am Punnettschen Quadrat leicht selbst deutlich machen, daß beide Elternteile mischerbig für die hohlige Zeichnung sind, erbmäßig sind also beide c +. Wenn man testen will, ob ein gehämmertes Tier mischerbig für die Anlage Binden ist, so kann man es an ein hohliges Tier paaren. Fallen aus dieser Paarung a) nur gehämmerte Tiere, so ist das Tier reinerbig gehämmert (C C). Fallen b) gehämmerte und bindige Tiere, so ist es mischerbig für bindig (C +), fallen c) gehämmerte und hohlige Tiere, so ist das Tier mischerbig für hohlig (C c). Voraussetzung für einen solchen Test ist, daß eine größere Anzahl von Jungtieren gezogen wird. Der Leser mache sich diese Zusammenhänge ebenfalls als Übung 2 an einem Punnettschen Quadrat deutlich. Die Auflösung findet sich wie für die folgenden Übungen im Anhang.

Mitunter werden bei den gehämmerten Varianten noch weitere Unterscheidungen vorgenommen. C^T wird dann auf die ganz dunkle Variante bezogen, bei der die Hämmerung so stark, so schwer ist, daß das Flügelschild einfarbig erscheint. Bei schwarzer Grundfarbe läßt oft nur noch der blaue Schwanz mit der deutlich dunkleren Schwanzbinde den Unterschied zu einfarbig Schwarzen erkennen. Bei brieftaubenroter Grundfarbe erhält man ein tiefes Sattbraunrot mit hellen Schwingen und Schwanz. Von C^T abgesetzt, mit aufgelockerter, wenn auch sehr dunkler Hämmerung, werden die Dunkelgehämmerten mit dem Symbol C^D unterschieden. Auch von der gehämmerten Variante C wird mitunter eine besonders helle, leicht gehämmerte Variante C^L als gesonderter Typ unterschieden (Hollander 1969). Diese und mögliche tiefere Untergliederungen ändern aber nichts an der grundsätzlichen Gültigkeit der oben dargestellten Gesetzmäßigkei-

Ob. 11. Persischer Roller, Rot mit hellen Schwingen und Schwanz (Dominant Rot)
Ob. 12. Deutsche Schautaube, Dunkel

Einführung

ten, so daß bei den folgenden Betrachtungen auf diese Unterscheidung verzichtet wird. Falls in einer Rasse alle Typen vorhanden sind und züchterisch getrennt behandelt werden sollen, so kann man auch für diese eine Rangfolge der Faktoren mit Dominanz der dunkleren Farbenschläge gegenüber den jeweils helleren aufstellen.

Beispiele

■ Hohlige und Bindige

1. Hohlige Tiere untereinander gepaart ergeben nur hohlige Nachzucht.

2. Reinerbig bindig × hohlig ergibt bindige Nachzucht, die mischerbig für hohlig ist.

3. Bindige, die mischerbig für hohlig sind, ergeben untereinander gepaart drei Viertel Bindige (davon zwei Drittel mischerbig) und ein Viertel Hohlige.

4. Bindige, die mischerbig für hohlig sind, ergeben mit reinerbigen Bindigen nur bindige Nachzucht, zur Hälfte sind diese allerdings mischerbig.

5. Bindige, die mischerbig für hohlig sind, ergeben mit Hohligen zu 50 % Hohlige und zu 50 % mischerbig Bindige.

■ Bindige, Gehämmerte und Hohlige

Häufig werden Gehämmerte und Bindige miteinander gepaart, da hieraus nur Gehämmerte und Bindige fallen. Für die Gehämmerten in vielen Rassen hat dieses den Vorteil, daß die Hämmerung bei den mischerbigen Tieren heller, aufgelockerter ist. Sie kommen damit dem Standard näher.

6. Reinerbig gehämmert × reinerbig bindig: Die Nachzucht ist vollständig gehämmert, aber mischerbig für die Binden.

7. Mischerbig gehämmert × mischerbig gehämmert: Ein Viertel der Nachzucht ist reinerbig gehämmert, die Hälfte mischerbig gehämmert, der Rest bindig.

8. Mischerbig gehämmert × bindig: Die Hälfte der Nachzucht ist blaubindig, die andere mischerbig gehämmert.

9. Mischerbig gehämmert × reinerbig gehämmert: Die Hälfte der Nachzucht ist reinerbig, die andere mischerbig gehämmert.

Die gleiche Ausgangspaarung läßt sich statt mit einem bindigen Tier auch mit einem hohligen durchführen:

10. Reinerbig gehämmert × hohlig: Die Nachzucht ist gehämmert, aber mischerbig für die hohlige Zeichnung. Diese Nachzucht untereinander gepaart ergibt ein Viertel reinerbig Gehämmerte, eine Hälfte mischerbig Gehämmerte und ein Viertel ist hohlig. Mischerbige Gehämmerte an Hohlige zurückgepaart ergeben zu 50 % hohlige und zu 50 % mischerbig gehämmerte Tiere. An Gehämmerte zurückgepaart ergeben die Mischerbigen 50 % rein- und 50 % mischerbig Gehämmerte.

■ Dunkelgehämmerte

Die dunkle Hämmerung ist bei Rassetauben nicht so stark verbreitet, so daß Paarungen mit den anderen Zeichnungen selten erfolgen dürften. Sie sind aber mit klaren Aufspaltungsregeln jederzeit möglich:

11. Reinerbig dunkelgehämmert × gehämmert, bindig oder hohlig ergibt in jedem Fall dunkelgehämmerte Nachzucht, die je nach Zeichnungsanlage des zweiten Elternteiles mischerbig für Hämmerung, Binden oder für die hohlige Zeichnung ist.

12. Diese Jungtiere aus Paarung 11 untereinander gepaart spalten auf in ein Viertel reinerbig Dunkelgehämmerte, eine Hälfte mischerbig Dunkelgehämmerte und ein Viertel – je nach der Erbanlage des zweiten Elterntieres in 11 – Gehämmerte, Bindige oder Hohlige.

13. Rückpaarungen der Jungtiere aus Paarung 11 an reinerbig Dunkelgehämmerte bringen nur dunkelgehämmerte Jungtiere, die allerdings zur Hälfte mischerbig für eine andere Zeichnung sind.

14. Rückpaarungen der Jungtiere aus Paarung 11 an ihr anderes Elternteil bringen zur Hälfte mischerbige Dunkelgehämmerte und zur Hälfte gehämmerte, bindige oder hohlige Nachzucht je nach Elterntier.

Wenn aus zwei dunkelgehämmerten Tieren ein hohliges Jungtier fällt, so sind beide Elternteile als mischerbig hohlig im Zuchtbuch zu vermerken. Wenn bindige Jungtiere fallen, so ist zumindest ein Elternteil mischerbig für die bindige Zeichnung, das andere Elternteil kann mischerbig bindig oder auch mischerbig hohlig sein. Wenn gehämmerte Jungtiere fallen, so ist zumindest ein Elternteil mischerbig für die Hämmerung, das andere kann auch mischerbig für bindig oder hohlig sein. Man kann die Erbanlagen durch Probepaarungen auch leicht offenlegen. Wenn ein dunkles Tier mit hohligen Partnern nur dunkelgehämmerte Nachzucht erbringt, so ist es reinerbig, bringt es u. a. gehämmerte Nachzucht, so ist es mischerbig für die Hämmerung, bringt es u. a. bindige Nachzucht, so ist es mischerbig bindig, bringt es neben der dunklen Hämmerung auch hohlige Nachzucht, so ist es mischerbig für die hohlige Zeichnung. Nach dem gleichen Prinzip lassen sich auch gehämmerte und bindige Tiere austesten.

Bei hochgesteckten Anforderungen an die Qualität der Zeichnung ergeben sich bei diesen Paarungen mitunter einige Schwierigkeiten. So zeigte sich in einigen Zuchten, daß ein zu häufiges Verpaaren von hohligen und bindigen Partnern die zweite Binde kürzer werden läßt. Die Reinzucht der Hohligen scheint bei einigen Rassen (z. B. bei blauhohligen Deutschen Schautauben) Probleme wie Futterblindheit hervorzurufen. Bindige, die aus Gehämmerten gefallen sind, neigen mitunter zum Ansatz einer dritten Binde. In die Blaugehämmerten schleicht sich durch die Paarung mit hohligen Partnern der verpönte Rost in den Federfahnen ein. Vermutungen über die Ursache hierfür gehen dahin, daß bei den Blauen zu wenig auf die schimmelige Aufhellung der Schwingen geachtet wird und daß sich dieser Schimmel bei den Gehämmerten als Rost, ein rötlicher Anflug in den

Schwingen, zeigt. Bei Paarungen der Bindigen und Hohligen mit Gehämmerten kann es vorkommen, daß sich einige durch die Hämmerung bzw. dunkle Hämmerung verdeckte Erbfaktoren in den folgenden Generationen störend bemerkbar machen, so z. B. der Faktor Sooty, der später angesprochen wird und dunklere Flecken auf dem Flügelschild hervorbringt. Man muß in solchen Fällen also häufiger an den bindigen oder hohligen Partner zurückpaaren, um wieder zu sauberen Färbungen zu gelangen.

Bei der Betrachtung der Vererbung der Zeichnungsanlagen ist es unerheblich, welche Grundfarbe die Tiere haben. Es könnte sich in den Beispielen also um rotfahl-, blau- oder braunfahlgehämmerte Tiere handeln und auch die übrigen Zeichnungsvarianten könnten beliebig zur Rot-, Schwarz- oder Braungruppe gehören. Für die Analyse der Paarung eines gehämmerten Tieres mit einem bindigen macht es für die Zeichnung keinen Unterschied, ob ein Rotfahlgehämmerter an eine blaubindige Täubin gepaart wird oder ob ein Braunfahlgehämmerter an eine blaubindige Täubin gesetzt wird – entscheidend ist nur die Anlage für die Zeichnung.

Im folgenden wird die Vererbung der Grundfarbe angesprochen, die völlig unabhängig von der Vererbung der Zeichnungsanlagen ist. Wenn man deshalb Aussagen über die Grundfarbe der Jungtiere aus den genannten beiden Paarungen machen will – und nicht nur über die Zeichnung – so kann und muß man diese Frage getrennt von der Vererbung der Zeichnung behandeln.

Vererbung der Grundfarbe

Bei der Analyse der Vererbung der Grundfarbe ist zu beachten, daß diese Erbanlage auf dem Geschlechtschromosom angesiedelt ist. Die Chromosomenausstattung der beiden Geschlechter ist nicht gleich, sondern unterscheidet sich in den Geschlechtschromosomen. Dem einen Geschlecht, bei den Tauben das Weibchen, fehlt bei einem Chromosom ein Partner. Dieses Chromosom wurde X-Chromosom genannt. Wie bereits eingangs erwähnt wurde, enthalten die Chromosomen eine Vielzahl von Erbanlagen, die sogenannten Gene. So liegen auch in dem X-Chromosom mehrere Erbanlagen, die mit der Geschlechtsausbildung nichts zu tun haben, sondern sich auf ganz verschiedene Merkmale beziehen, u. a. auch auf die Grundfarbe.

Einführung

Die auf einem Chromosom gelagerten Gene werden i.d.R. gekoppelt vererbt (siehe dazu auch Seite 144 ff.). Diese Koppelung auf dem X-Chromosom hat nun aber besondere Konsequenzen. Die Töchter erhalten ihr X-Chromosom nämlich vom Vater, während die Söhne ein X-Chromosom vom Vater und eines von der Mutter erhalten. Das bedeutet, daß alle Merkmale, deren Gene im X-Chromosom enthalten sind, auf die Töchter nur väterlicherseits vererbt werden. Dadurch kommt ein Erbgang sog. geschlechtsgekoppelter Gene zustande, der von dem einfachen Mendelschema gravierend abweicht. Es ist jetzt nicht mehr gleichgültig für das Ergebnis einer Paarung, ob der Täuber oder die Täubin ein bestimmtes Gen tragen.

Für das Punnettsche Quadrat bedeutet das, daß wir für die Täubin bei der Farbe des Pigments nur eine Erbinformation einzutragen haben, die andere Stelle besetzen wir durch das Zeichen eines Punktes.

Die Standardgrundfarbe ist Schwarz und hat das Symbol • +. Das Brieftaubenrot verhält sich dazu dominant und hat das Symbol • B^A. Braun dagegen verhält sich rezessiv gegenüber Schwarz und Brieftaubenrot und hat das Symbol • b. Täubinnen können also genetisch wie folgt gekennzeichnet werden:

- • +   für schwarzes Pigment,
- • b   für braunes Pigment,
- • B^A für rotes Pigment.

Daraus geht deutlich hervor, daß Täubinnen niemals mischerbig für eine andere Grundfarbe sein können; sie sind genetisch das, was sie auch im Erscheinungsbild zeigen, Genotyp und Phänotyp stimmen überein.

Täuber dagegen können sowohl rein- als auch mischerbig sein:

+ +	reinerbig für schwarzes Pigment,
b b	reinerbig für braunes Pigment,
B^A B^A	reinerbig für rotes Pigment,
+ b	Erscheinungsbild schwarzes Pigment, mischerbig für Braun,
B^A +	Erscheinungsbild rotes Pigment, mischerbig für Schwarz,
B^A b	Erscheinungsbild rotes Pigment, mischerbig für Braun.

Die Rangfolge der Erbfaktoren im Hinblick auf Dominanz kann man wie folgt darstellen: $B^A > + > b$.

Einführung

Als Beispiel sei eine Paarung eines Täubers mit schwarzem Pigment (u. U. ein blaubindiger oder dunkler Täuber) mit einer rotfarbenen Täubin (z. B. eine rotfahlgehämmerte oder rotfahle) angenommen:

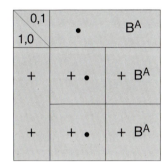

Das Nachzucht-Ergebnis kann unmittelbar in den einzelnen inneren Feldern des Quadrates abgelesen werden. Felder, in denen statt der zweiten Erbinformation für die Farbe ein Punkt auftaucht, sind Täubinnen. Die Symbole + • in zwei der Felder bedeuten, daß 50 % der Nachzucht aus Weibchen mit schwarzem Pigment bestehen. Obwohl sie aus einem roten Weibchen stammen, sind diese Jungweibchen natürlich reinerbig für die Farbe (s. o.).

Die anderen zwei Felder sind durch + B^A gefüllt. Bei geschlechtsgebundenen Merkmalen bedeutet das Vorhandensein von zwei Informationen für das Merkmal, daß es sich um Täuber handelt. Die Art der Symbole wiederum bedeutet, daß es sich um Täuber handelt, die wegen der Dominanz der roten Farbe vom Erscheinungsbild her zur Rotgruppe gerechnet werden, aber genetisch mischerbig für die schwarze Farbe sind. In diesem Fall kann man an der Farbe der Jungtiere das Geschlecht bestimmen: Alle Jungtiere mit schwarzer Grundfarbe sind Weibchen, alle mit rotem Erscheinungsbild sind Täuber. Wie man sich leicht selbst an einem Punnettschen Quadrat zeigen kann, gilt diese Aussage nicht für die umgekehrte Paarung eines reinerbig roten Täubers mit einem Weibchen der Schwarzgruppe.

Als zweites Beispiel sei angenommen, wir würden einen der Jungtäuber aus dem vorigen Beispiel an eine rote Täubin paaren:

Einführung

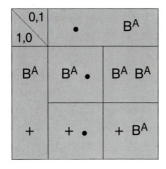

Die Felder mit nur einer Erbinformation und einem Punkt zeigen wiederum die Jungweibchen an. B^A • bedeutet dabei rote Jungweibchen, + • Jungweibchen der Schwarzgruppe.

Es fallen aus dieser Paarung auch zwei Arten Jungvögel: B^A B^A sind reinerbig rotfarbene Täuber, + B^A rotfarbene, die mischerbig für schwarze Farbe sind. Diese mischerbigen Tiere sind mit ziemlicher Sicherheit von den reinerbigen zu unterscheiden, da sie in den Federfahnen meist mehr oder minder starke schwarze Spritzer, „Tintenflecke", zeigen und keinen hell-hornfarbigen Schnabel besitzen. Bei Mischerbigkeit von Tieren für Braun gilt ähnliches, nur sind hier die Spritzer braun und nicht schwarz.

Bei den Tieren mit brieftaubenroter Grundfarbe ist bei den reinerbigen Täubern die Aufhellung der Schnabelfarbe wesentlich stärker als bei den Weibchen, die den Erbfaktor B^A geschlechtsgebunden nur einfach besitzen. Wenn man deshalb bei rotfahlen, rotfahlgehämmerten oder auch roten Tieren mit hellen Schwingen und Schwanz dunkle Schnäbel verlangt, so muß man die Zucht auf die Erzielung mischerbiger Täuber für Schauzwecke ausrichten. Man muß dann auch die unsaubere Färbung akzeptieren. Hinnehmen muß man auch, daß aus diesen mischerbigen Täubern bei Paarungen an rotfarbene Weibchen zum Teil Tiere der Schwarzreihe fallen. Reinerbigkeit für die brieftaubenrote Färbung auf der anderen Seite ist mit einer reinen Färbung und mit einem hellen Wachsschnabel verbunden, und – wenn keine weiteren störenden Faktoren hinzutreten – sind auch die hellaschfarbenen Schwingen und der helle Schwanz automatisch damit verbunden.

Einführung

Als Übung 3 möge der Leser einmal überlegen, wie die Nachzucht eines Täubers mit rotem Erscheinungsbild aussieht, der mischerbig für Braun ist. Es sei angenommen, er werde an eine Täubin der Schwarzgruppe gepaart.

Beispiele

1. Ein reinerbiger Täuber der Rotreihe (z. B. Rotfahl mit oder ohne Binden, Rotfahlgehämmert, Rot mit hellen Schwingen und Schwanz oder einfarbig Fahl) erbringt mit einer Täubin der Schwarzreihe (z. B. Blau mit oder ohne Binden, Blaugehämmert, Dunkel oder Schwarz) nur Jungtiere der Rotreihe.

   Die Jungtäuber sind allerdings mischerbig für die schwarze Grundfärbung, was sich in dunklen Tintenspritzern und dunklen Schnäbeln mehr oder minder deutlich zeigt.

2. Ein reinerbiger Täuber der Schwarzreihe ergibt mit einer brieftaubenroten Täubin brieftaubenrote Jungtäuber, die ebenfalls wie bei 1 mischerbig sind und Täubinnen der Schwarzgruppe.

3. Mischerbige brieftaubenrote 1,0 ergeben mit brieftaubenroten Weibchen zur Hälfte reinerbige, zur Hälfte mischerbige, brieftaubenrote Jungtäuber und je zur Hälfte brieftaubenrote Jungweibchen und Weibchen der Schwarzgruppe.

4. Mischerbige, brieftaubenrote 1,0 ergeben mit Weibchen der Schwarzgruppe zur Hälfte mischerbige brieftaubenrote 1,0 und zur Hälfte 1,0 der Schwarzgruppe. Bei den Jungweibchen fallen zur Hälfte Brieftaubenrote und zur Hälfte Tiere der Schwarzgruppe.

5. Tiere der Schwarzgruppe untereinander gepaart können keine brieftaubenrote Nachzucht haben. Möglich ist jedoch der Anfall von Jungtieren aus der Braungruppe, wie im folgenden gezeigt wird.

6. Ein reinerbiger Täuber der Schwarzgruppe ergibt mit einer braunen Täubin (Braunfahl, Braunfahlgehämmert, Braunfahldunkelgehämmert oder einfarbig Braun) nur Jungtiere der Schwarzgruppe, wobei die Jungtäuber allerdings mischerbig für Braun sind.

7. Braune Täuber ergeben mit Weibchen der Schwarzgruppe Jungtäuber der Schwarzgruppe, die mischerbig für Braun sind, und braune Jungweibchen.

8. Täuber der Schwarzgruppe, die mischerbig für Braun sind, ergeben mit braunen 0,1 bei den Jungtäubern zur Hälfte Braune, zur Hälfte Tiere der Schwarzgruppe, die mischerbig für Braun sind. Die Jungweibchen sind zur Hälfte Braun, zur Hälfte gehören sie in die Schwarzgruppe.

9. Ein Täuber der Schwarzgruppe, der mischerbig für Braun ist, bringt mit einer 0,1 der Schwarzgruppe Jungtäuber der Schwarzgruppe, von denen die Hälfte mischerbig für Braun ist, und bei den Weibchen zur Hälfte Braune und zur anderen Hälfte Tiere der Schwarzgruppe.

10. Tiere der Braungruppe untereinander gepaart ergeben nur Jungtiere der Braungruppe, unabhängig davon, aus welchen Färbungen sie selbst einmal gefallen sind.

Im folgenden sind kurz die Kombinationsmöglichkeiten bei Paarungen zwischen brieftaubenroten Tieren und braunen Tieren skizziert:

11. Reinerbige, brieftaubenrote Täuber ergeben mit braunen 0,1 nur brieftaubenrote Nachzucht, wobei die Jungtäuber aber mischerbig für Braun sind.

12. Braune Täuber ergeben mit brieftaubenroten 0,1 brieftaubenrote Täuber, die mischerbig für Braun sind, und braune Jungweibchen.

13. Brieftaubenrote Täuber, die mischerbig für Braun sind, ergeben mit braunen 0,1 zur Hälfte Jungtäuber, die brieftaubenrot sind, und zur Hälfte braune Jungtäuber. Erstere sind mischerbig für Braun. Die Jungweibchen spalten je zur Hälfte auf in Braun und in brieftaubenrote 0,1.

14. Brieftaubenrote Täuber, die mischerbig für Braun sind, ergeben mit brieftaubenroten Täubinnen zur Hälfte rein- und zur Hälfte mischerbige, brieftaubenrote Jungtäuber und je zur Hälfte brieftaubenrote und braune Jungweibchen.

Es sind natürlich auch bei Mischerbigkeit der 1,0 Paarungen möglich, bei denen alle drei Farbgruppen beteiligt sind:

15. Brieftaubenrote 1,0, die mischerbig für Braun sind, ergeben mit Täubinnen der Schwarzgruppe bei den Jungtäubern zur Hälfte Brieftaubenrote, die mischerbig für schwarzes Pigment sind und zur anderen Hälfte Tiere der Schwarzgruppe, die mischerbig für Braun sind. Die Jungweibchen spalten auf in 50 % Brieftaubenrote und 50 % Braune.

    Wenn wir bei jeder Farbgruppe nur bindige Tiere verwenden, so wäre der Ausgangstäuber ein Rotfahler mit braunen Flecken und die Alttäubin eine Blaue m. B.. Die Jungtäuber wären Rotfahle mit schwarzen Tintenflecken und Blaue m. B., während die Jungweibchen Rotfahle und Braunfahle wären.

16. Brieftaubenrote 1,0, die mischerbig für schwarze Grundfarbe sind, ergeben mit braunen Weibchen bei den Täubern zur Hälfte Brieftaubenrote und zur Hälfte 1,0 der Schwarzgruppe, wobei alle Jungtäuber mischerbig für Braun sind.

    Die Jungweibchen spalten auf in Tiere der Schwarzgruppe und zur anderen Hälfte in Brieftaubenrote.

17. Täuber der Schwarzgruppe, die mischerbig für Braun sind, ergeben mit brieftaubenroten 0,1 bei den Täubern nur Brieftaubenrote, die allerdings zur Hälfte mischerbig für Braun und zur Hälfte mischerbig für die schwarze Grundfärbung sind. Die Jungweibchen spalten auf in 50 % Braune und in 50 %, die zur Schwarzgruppe gehören.

Wenn man über das Erbgut seiner Tiere anhand der Abstammung informiert ist oder sich anhand des Erscheinungsbildes schon darüber klar ist, so kann man leicht anhand dieser Formeln die zu erwartenden Ergebnisse bestimmen. Andererseits kann man natürlich auch von den Ergebnissen bestimmter Paarungen auf das Erbbild schließen.

Einführung

Vererbung des Ausbreitungsfaktors für Farbe

Beim Ausbreitungsfaktor für Farbe (Spread) mit dem Symbol S hatte man lange geglaubt, er gehöre zur anfangs besprochenen Gruppe der Zeichnungsanlagen und dominiere alle anderen Zeichnungen. Dieses hat sich als falsch erwiesen. Der Erbfaktor wirkt auf eine andere Weise auf die Zeichnungen ein. Und zwar können sich die Zeichnungen nur dann im Erscheinungsbild zeigen, wenn die betreffenden Tiere im Erbgut nicht das Gen für die Ausbreitung der Farbe besitzen.

Der Faktor S verändert, wie oben bereits kurz erwähnt, die Struktur des Pigments in der Weise, daß ein einfarbiges Gefieder erscheint. Ein Tier mit schwarzem Pigment, das den Erbfaktor S besitzt, erscheint einfarbig Schwarz. Das gilt unabhängig davon, welche Zeichnungsanlage das Tier besitzt. Die Intensität der schwarzen Färbung hängt allerdings vom Vorhandensein weiterer Erbfaktoren ab. So sieht man mitunter bei schwach gefärbten einfarbig Schwarzen mit einer bindigen Zeichnungsanlage die Binden unter dem schwarzen Federkleid intensiver durchschimmern.

Für rotes und braunes Pigment gilt grundsätzlich das gleiche. Wenn der Faktor S bei rotem Pigment auftritt, so erhält man bei allen Zeichnungen ein bräunlich-rotes oder auch als aschfarben zu charakterisierendes Erscheinungsbild. Mitunter geht die Färbung auch stark ins Bläuliche über. Dieses gilt insbesondere für Täuber, die mischerbig für die schwarze Grundfarbe sind. Züchter bezeichnen diese Färbung oft als „Lavendel" und verwechseln sie mit dem später zu behandelnden Silber beim Erbfaktor „Milky". Auch hier kommt es, wie bei schwarzem Pigment, vor, daß die Bindengegend etwas dunkler erscheint, die Binden durch den Spread-Faktor nicht ganz überdeckt werden. Die Variation der Färbung ist sehr groß, so daß die Züchter für besondere Varianten immer wieder eigenständige Bezeichnungen finden. Bei einigen Rassen spricht man bei leichter rötlicher Säumung im Flügelschild von Erdbeerfarbig, zeigt sich eine deutlichere Säumung, so auch von Rotgesäumt oder Rotgeschuppt. Es handelt sich hierbei aber jeweils um Modifikationen einer grundlegend gleichen Erbstruktur. Wenn die Variation auch relativ groß ist, so ist die Färbung doch immer wesentlich heller als bei rezessiv roten oder einfarbig braunen Tieren, so daß Verwechslungen kaum möglich sind. In der amerikanischen Literatur werden solche Tiere nach ihren Erbanlagen auch „Spread-ash" genannt.

Abb. 13

Abb. 13. Steigerkröpfer, Schwarz

Abb. 14. Pommersche Schaukappe (1,0), einfarbig Fahl (Spread Ash), reinerbig (Fo Jungnickel)

Abb. 15. Brieftaube (1,0), einfarbig Fa (Spread Ash), mischerbig

Abb. 16. Chinesentaube (1,0), einfarbig F (Spread Ash), mischerbig

Abb. 17. Hannoverscher Tümmler, Braun

Abb. 14  Abb. 15  Abb. 16

Abb. 17

Bei brauner Grundfarbe bewirkt der Faktor S, ebenfalls unabhängig von der Zeichnungsanlage, eine einfarbig schokoladenbraune Färbung.

Daß der Faktor S nicht zur Gruppe der Zeichnungsanlagen gehört, kann man sich leicht durch Testpaarungen deutlich machen: Ein Tier aus einem reingezogenen, einfarbig schwarzen Stamm wird an ein blau-bindiges Tier gepaart. Die erste Nachzucht ist schwarz, was die These der Dominanz über die bindige Zeichnung zu bestätigen scheint. Wenn man diese Nachzucht aber untereinander paart, so wird sich schnell herausstellen, daß dieses nicht stimmt. Man wird in der Regel aus dieser Paarung auch gehämmerte und dunkelgehämmerte Nachzucht erhalten. Vom bindigen Ausgangstier können diese Zeichnungsanlagen nicht stammen, da sie sich wegen der Dominanz gegenüber Bindig im Erscheinungsbild gezeigt haben müßten. Sie müssen also vom einfarbig schwarzen Partner übertragen worden sein. Wenn dieser aber reinerbig für den Faktor S war, was auch durch eine vollständig schwarze erste Nachzucht mit dem blaubindigen Partner demonstriert wurde, so muß die Zeichnungsanlage neben der genetischen Information S S vorhanden gewesen sein. Damit können Zeichnungsanlage und Ausbreitungsfaktor für Farbe aber keine Allele sein, sondern müssen als nebeneinander wirkende Faktoren behandelt werden.

Einführung

Der Erbgang für den Ausbreitungsfaktor S kann ebenfalls wieder durch ein Punnettsches Diagramm veranschaulicht werden. Wie bei den Zeichnungsanlagen liegt keine geschlechtsgekoppelte Vererbung vor. Das Allel von S ist das Nicht-Vorhandensein dieses Faktors, also der Wild-Typ +. Als Beispiel sei zunächst eine für S reinerbige Täubin mit einem Täuber ohne diesen Faktor gepaart:

0,1 / 1,0	S	S
+	+ S	+ S
+	+ S	+ S

Die Nachzucht ist offenbar zu 100 % mischerbig für den S-Faktor und wegen dessen Dominanz über + bei schwarzer Grundfarbe einfarbig Schwarz, bei roter Farbe einfarbig Aschfarben, bei brauner Grundfarbe Schokoladenbraun.

Als zweites Beispiel sei angenommen, diese Jungtiere würden untereinander gepaart und hätten schwarze Grundfarbe:

0,1 / 1,0	+	S
+	+ +	+ S
S	S +	S S

Wegen der Dominanz von S über + sind 75 % der Nachkommen schwarz, wobei allerdings nur 25 % reinerbig für den Ausbreitungsfaktor sind. Wie sehen nun die 25 % aus, die durch + + gekennzeichnet sind? Darüber läßt sich ohne weitere Informationen nur sagen, daß sie irgendeine Zeichnung wie Gehämmert, Dunkel, Bindig oder Hohlig zeigen werden. Das Erscheinungsbild dieser Tiere hängt nicht nur von der Erbanlage für die Zeichnung beim nicht-schwarzen Ausgangstier ab, sondern auch davon, welche Erbanlage für Zeichnung das schwarze Ausgangstier, verdeckt durch den S-Faktor, eingebracht hat. Darauf wird im folgenden Abschnitt einzugehen sein.

Beispiele

■ Schwarze Grundfarbe

1. Schwarz × Blau mit oder ohne Binden, Gehämmert oder Dunkelgehämmert: Die Jungtiere sind einfarbig schwarz, wenn z. T. auch schwach gefärbt. Insbesondere bei einem bindigen Elternteil schimmern die Binden oft dunkler durch und machen die schwache Färbung des übrigen Gefieders deutlich. Alle sind mischerbig für den Ausbreitungsfaktor für Farbe.

2. Die Jungtiere aus der Paarung 1 ergeben untereinander gepaart ein Viertel reinerbige Schwarze, eine Hälfte Schwarze, die mischerbig für den Ausbreitungsfaktor ist, und ein Viertel mit der Zeichnung Gehämmert, Dunkelgehämmert, Blau mit oder ohne Binden, je nach Erbanlagen der Ausgangstiere.

3. Schwarze, die mischerbig für den Ausbreitungsfaktor sind, ergeben mit reinerbigen Schwarzen nur schwarze Nachzucht, die zur Hälfte allerdings auch mischerbig für den Ausbreitungsfaktor ist.

4. Schwarze, die mischerbig für den Ausbreitungsfaktor sind, ergeben an ein gezeichnetes Elterntier gepaart, zu 50 % Schwarze, die mischerbig sind für den Ausbreitungsfaktor und 50 % Blaue mit oder ohne Binden, Gehämmerte oder Dunkelgehämmerte, je nach Ausgangsmaterial für diese Paarungen.

Einführung

Für den schwarzen Farbenschlag bedeuten diese Paarungen bei dunkelschnäbligen Rassen im allgemeinen eine Farbverschlechterung, insbesondere bei der Verwendung Blauer mit und ohne Binden. Am günstigsten für die Intensität der Färbung ist dann noch ein dunkles Tier. Bei Rassen mit hellen Schnäbeln, sowohl in schwarzen als auch in gezeichneten Farbenschlägen, sind die Ergebnisse meist besser.

■ Brieftaubenrote Grundfarbe

Sauber und hell gefärbte Tauben mit brieftaubenroter Grundfarbe und dem Ausbreitungsfaktor (einfarbig Fahle) haben im Erbgut im allgemeinen die Erbanlage für Binden, selten für die hohlige Zeichnung oder die Hämmerung, nie für Dunkelgehämmert. Anders als bei schwarzer Grundfarbe sollte man die Paarung der Einfarbigen mit Dunkelgehämmerten daher möglichst vermeiden und ggf. auf Bindige zurückgreifen. Bei der dunklen Hämmerung entstehen dunklere, meist unattraktive Färbungen, die bisher wohl bei kaum einer Rasse systematisch gezüchtet werden, wenn sich die eine oder andere dunklere Variante vielleicht auch züchterisch stabilisieren ließe und Anhänger finden könnte. Wer an hellen Färbungen interessiert ist, die man als einfarbig Fahl ansprechen kann, der sollte sich bei der Verpaarung dieser Variante nicht auf Paarungen mit einfarbig Schwarzen oder anderen Färbungen, wie den später zu behandelnden Rezessiv Roten oder Rezessiv Gelben, einlassen, sondern hohlige, bindige oder allenfalls heller gehämmerte Rotfahle einpaaren. Letztere werden in den folgenden Beispielen als Rotfahl bezeichnet und zusammengefaßt:

5. Einfarbig Fahl × Rotfahl: Alle Jungtiere sind einfarbig Fahl, aber mischerbig für den Ausbreitungsfaktor.

6. Diese Jungtiere aus 5 untereinander gepaart ergeben ein Viertel reinerbige, einfarbige Fahle, 50 % einfarbige Fahle, die mischerbig für den Ausbreitungsfaktor sind und ein Viertel Rotfahle.

7. Einfarbig Fahle, die mischerbig für den Ausbreitungsfaktor sind, ergeben mit Rotfahlen zur Hälfte Rotfahle, zur Hälfte mischerbige, einfarbige Fahle.

8. Einfarbige Fahle, die mischerbig für den Ausbreitungsfaktor sind, ergeben mit reinerbigen, einfarbigen Fahlen nur einfarbige Fahle, die allerdings zur Hälfte mischerbig sind.

1 Einführung

Wer einen einfarbigen fahlen Stamm auf der Basis bindiger, rotfahler Tiere aufgebaut hat und nur Paarungen mit solchen Tieren vornimmt, der wird aus diesen Paarungen auch nur diese beiden Varianten erhalten. Die Zucht ist also sehr einfach und überschaubar.

■ Braune Grundfarbe

9. Einfarbig Braun ergibt mit Braunfahlen mit oder ohne Binden, Braunfahlgehämmerten oder Braunfahldunkelgehämmerten nur einfarbig Braune, die allerdings alle mischerbig für den Ausbreitungsfaktor sind.

10. Solche mischerbigen Braunen ergeben untereinander gepaart zu 25 % reinerbige Braune, zu 50 % mischerbige Braune und zu 25 % die gezeichneten Farbenschläge, wobei die Zeichnung von den Erbanlagen der jeweiligen Ausgangstiere abhängt.

11. Mischerbige Braune an reinerbige Braune gepaart ergibt nur Braune, von denen die Hälfte allerdings mischerbig für den Ausbreitungsfaktor ist.

12. Mischerbige Braune ergeben mit den gezeichneten braunen Farbenschlägen zur Hälfte mischerbige Braune, zur anderen Hälfte die gezeichneten Farbenschläge, wobei auch hier die Zeichnung von den jeweiligen Ausgangsfarbenschlägen abhängt.

Reinerbige Tiere für den Ausbreitungsfaktor vererben unter sich natürlich rein, seien es einfarbig Schwarze, Braune oder Fahle. Bei Paarungen dieser Farbenschläge untereinander bleibt die Einfarbigkeit daher auch unberührt. Die Vererbung entspricht genau den Grundsätzen, die auch anhand von Beispielen im Abschnitt über die Grundfarbe gebracht wurden. Einfarbig Schwarze und Braune sind dabei vorteilhafter zu verpaaren als die einfarbig Fahlen mit den anderen beiden Farbenschlägen. Der Grund liegt darin, daß die bestgefärbten Schwarzen und Braunen in der Regel die dunkelgehämmerte Zeichnung im Erbgut besitzen und mitunter noch weitere, die Färbung vertiefende, modifizierende Faktoren, alles Erbfaktoren, die bei brieftaubenroter Grundfarbe farbverschlechternd wirken. Bei solchen Paarungen braucht man deshalb entsprechend länger, d. h. mehr Rückpaarungen an gutgefärbte Einfarbige, bis eine saubere Färbung wieder in der Nachzucht erreicht ist.

1 Einführung

Zusammenfassende Betrachtung von Grundfarbe, Zeichnung und Ausbreitungsfaktor

Erfassung der Erbinformationen

Bevor weitere Erbfaktoren angesprochen werden, soll am Beispiel der bisher angesprochenen Faktoren geklärt werden, wie sie gemeinsam auf das Erscheinungsbild einwirken, wie die genetische Stellung zueinander ist, und wie man mehrere Faktoren gemeinsam betrachten kann. Das hier angesprochene Prinzip des Vorgehens läßt sich unschwer um weitere Gruppen von Erbfaktoren erweitern.

Zunächst soll kurz aufgezeigt werden, wie die Erbinformationen für ein Tier im Hinblick auf die betrachteten Ebenen – Grundfarbe, Zeichnung und Ausbreitungsfaktor – erfaßt werden können.

Für das Beispiel einer rotfahlgehämmerten Täubin erhält man:

Grundfarbe: • B^A
Zeichnung: C ?
Ausbreitungsfaktor: + +.

Bei der Zeichnung muß zunächst offengelassen werden, welche zweite Information neben C vorhanden ist. Da C sowohl über Hohlig (c) als auch über Bindig (+) dominiert und auch Reinerbig für C vorliegen kann, so sind folgende Möglichkeiten gegeben: C C, C c, C +.

Wenn aus dieser Täubin bereits gezüchtet wurde oder über ihre Abstammung etwas bekannt ist, so läßt sich diese Wissenslücke schließen. Nehmen wir an, daß die Täubin in der letzten Zuchtsaison mit einem hohligen Täuber gepaart worden sei und unter zahlreichen Nachkommen neben gehämmerten auch bindige Jungtiere gehabt habe, aber keine hohligen. Wir können dann unterstellen, die Täubin sei C +. Der Leser möge sich dieses als Übung 4 an einem Punnettschen Quadrat deutlich machen.

Als zweites Beispiel sei ein einfarbig brauner Täuber gewählt:

Grundfarbe: b b
Zeichnung: ? ?
Ausbreitungsfaktor: S ?

Ohne weitere Informationen über die Elterntiere oder die Nachzucht zu haben, kann man in diese Tabelle nicht mehr Symbole eintragen. Da Braun sowohl gegenüber rotem als auch schwarzem Pigment rezessiv ist, ist allein für die Grundfarbe die Erbinformation mit b b eindeutig. Der Ausbreitungsfaktor S muß ebenfalls zumindest in „einfacher Dosis" vorhanden sein. Ob er reinerbig vorhanden ist (S S), läßt sich z. B. über eine Testpaarung feststellen. Wenn aus einer Paarung mit dunkelgehämmerten, gehämmerten, bindigen oder hohligen Tieren auch nur ein Jungtier mit einer dieser Zeichnungen fällt, so liegt Mischerbigkeit (S +) vor. Durch solche Testpaarungen läßt sich dann auch ermitteln, welche Zeichnungsanlage das Tier besitzt.

Nehmen wir an, der Täuber sei S + und werde an eine hohlige Täubin gepaart. Im Punnettschen Diagramm stellt sich die Ausgangssituation vor der Paarung wie folgt dar:

0,1 / 1,0	c	c
?	? c	? c
?	? c	? c

Nehmen wir nun an, einige der Jungtiere aus dieser Paarung seien bindig, andere gehämmert. Mit dieser Information können wir offenbar die Fragezeichen im Punnettschen Quadrat ersetzen:

Einführung

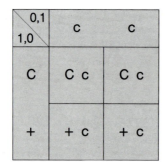

Der Leser kann sich als Übung 5 klar machen, was es für das Erbbild des Täubers bedeutet hätte, wenn

a) bindige und hohlige Jungtiere,
b) nur dunkelgehämmerte,
c) dunkelgehämmerte und bindige gefallen wären.

Zusammengefaßt ergeben sich nach Berücksichtigung der zusätzlichen Informationen die folgenden Erbformeln für die beiden Tiere:

	Farbe	Zeichnung	Ausbreitungs-faktor
Täubin	• B^A	C +	+ +
Täuber	b b	C +	S +

Einführung

Systematisches Vorgehen bei mehreren beteiligten Erbanlagen

Nehmen wir nun an, die im vorangehenden Absatz genannten beiden Tiere würden untereinander gepaart. In gleicher Weise wie dieses Beispiel läßt sich auch jede andere Paarung untersuchen. Wichtig ist deshalb nicht das Ergebnis des Beispiels, sondern das grundsätzliche Vorgehen. Als Hilfestellung für das weitere Vorgehen sollen deshalb einige Grundregeln aufgestellt werden:

1. Grundregel: Zerlegung nach Faktorgruppen (Gruppen von Allelen)

2. Grundregel: Isolierte Behandlung jeder Faktorgruppe durch ein Punnettsches Quadrat

3. Grundregel: Kombinationsregel. Das innere Feld eines vorgelagerten Punnettschen Quadrates ist mit sämtlichen Feldern des nachgelagerten Punnettschen Quadrates zu kombinieren

4. Grundregel: Zusammenfassende Kombination der Ergebnisse aller Quadrate.

1. Grundregel: Zerlegung nach Faktorgruppen

Die betrachtete Paarung ist daraufhin zu untersuchen, wie viele verschiedene Faktorgruppen betroffen sind. Nicht betroffen sind nur solche Faktorgruppen, bei denen beide Partner die identischen Erbfaktoren in Reinerbigkeit besitzen.

In dem hier gegebenen Beispiel unterscheiden sich Täuber und Täubin in der Grundfarbe; die Grundfarbe ist also die Faktorgruppe 1. Die Tiere haben zwar identische Informationen für die Zeichnung, sie sind aber nicht reinerbig für eine Zeichnungsanlage: Zeichnung ist also Faktorgruppe 2. Die Tiere sind nicht identisch beim Ausbreitungsfaktor für Farbe. Dieses ist damit die Faktorgruppe 3.

2. Grundregel: Isolierte Behandlung der Faktorgruppen

Die drei Faktorgruppen sind isoliert zu behandeln. Grundsätzlich dürfen in einem Quadrat nur zusammengehörende Erbfaktoren (Allele) behandelt werden.

Farbe:

0,1 \ 1,0	•	B^A
b	b •	b B^A
b	b •	b B^A

Man erhält aus der Paarung also braunfarbene Täubinnen und wegen der Dominanz von B^A über b, rotfarbene Täuber, die aber mischerbig für Braun sind.

Zeichnung:

0,1 \ 1,0	C	+
C	C C	C +
+	+ C	+ +

Es entstehen also 25 % bindige Nachkommen und 75 % gehämmerte. Nur jedes dritte davon (die Tiere mit C C) ist aber reinerbig für Hämmerung.

Ausbreitungsfaktor:

0,1 / 1,0	+	+
S	S +	S +
+	+ +	+ +

50 % der Nachkommen zeigen wegen der Dominanz von S über + keine Zeichnung (S +), die anderen zeigen eine Zeichnung.

3. Grundregel: Kombination der Faktorgruppen

Die einzelnen Punnettschen Quadrate sind miteinander zu kombinieren. Aus dem Quadrat für die Grundfarbe ist ersichtlich, daß zwei genetisch unterschiedliche Typen von Nachkommen zu erwarten sind, nämlich 50 % b • und 50 % b B^A.

Beide Typen können mit allen vier Möglichkeiten an Nachkommen im Quadrat für die Zeichnung kombiniert werden. Die Erbinformationen über die beiden Typen des ersten Quadrates tragen wir zu leichteren Übersicht in die Kopfzeile der nachfolgenden Quadrate für die Zeichnung ein:

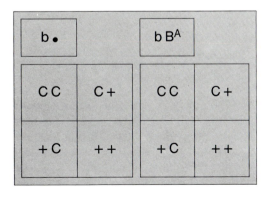

Einführung

Dieses läßt sich tabellarisch wie folgt darstellen:

Farbe	Zeichnung
b •	C C
b •	+ C
b •	C +
b •	+ +
b B^A	C C
b B^A	+ C
b B^A	C +
b B^A	+ +

Da + C und C + hier als genetisch gleichartig betrachtet werden können, könnte man diese acht Typen auch zu sechs zusammenfassen, worauf aber verzichtet werden soll. Alle diese acht Typen können nun mit den vier Möglichkeiten an Nachkommen im Quadrat für den Ausbreitungsfaktor (Faktorgruppe 3) kombiniert werden; in die Kopfzeile wird dabei die Erbinformation der vorangehenden Faktorgruppe eingetragen.

4. Grundregel: Zusammenfassung

Die einzelnen Ergebnisse der Punnettschen Quadrate für die einzelnen Faktorgruppen sind abschließend zusammenzustellen. Da im vorliegenden Beispiel nur zwei Typen beim Ausbreitungsfaktor zu unterscheiden sind (S + und + +), ergeben sich unter Beachtung aller drei Faktorgruppen 16 Typen. Wenn C + und + C zusammengefaßt würden, so hätte man sogar nur 12 Typen zu unterscheiden.

Darauf wurde aber wiederum verzichtet, da dann auch bei nicht gekoppelten Genen nicht mehr jeder der aufgeführten Typen die gleiche Wahrscheinlichkeit dafür hätte, in der Nachzucht aufzutreten. In der folgenden zusammenfassenden Tabelle ist rechts neben der Erbformel das jeweilige Erscheinungsbild aufgeführt:

Farbe	Zeichnung	Ausbreitungsfaktor	Erscheinungsbild	Geschlecht
b•	C C	S +	Einfarbig Braun	0,1
b•	C C	+ +	Braunfahlgehämmert	0,1
b•	+ C	S +	Einfarbig Braun	0,1
b•	+ C	+ +	Braunfahlgehämmert	0,1
b•	C +	S +	Einfarbig Braun	0,1
b•	C +	+ +	Braunfahlgehämmert	0,1
b•	+ +	S +	Einfarbig Braun	0,1
b•	+ +	+ +	Fahl mit braunen Binden	0,1
b B^A	C C	S +	Einfarbig Fahl (Aschfarben)	1,0
b B^A	C C	+ +	Rotfahlgehämmert	1,0
b B^A	+ C	S +	Einfarbig Fahl (Aschfarben)	1,0
b B^A	+ C	+ +	Rotfahlgehämmert	1,0
b B^A	C +	S +	Einfarbig Fahl (Aschfarben)	1,0
b B^A	C +	+ +	Rotfahlgehämmert	1,0
b B^A	+ +	S +	Einfarbig Fahl (Aschfarben)	1,0
b B^A	+ +	+ +	Fahl mit roten Binden	1,0

Einführung

In einem zweiten Beispiel sei angenommen, ein dunkler Täuber (dunkelgehämmert der Schwarzreihe), der mischerbig für Braun ist und auch mischerbig für die Zeichnung Gehämmert (also C C^T), werde mit einer rotfahlen Täubin gepaart. Diese sei reinerbig bindig. Als Ausgangssituation erhält man damit:

	Farbe	Zeichnung	Ausbreitungs-faktor
Täubin	• B^A	+ +	+ +
Täuber	+ b	C C^T	+ +

1. Grundregel: Zerlegung nach Faktorgruppen

Zwei Faktorgruppen sind zu untersuchen, nämlich 1. die Farbe und 2. die Zeichnung.

Der Ausbreitungsfaktor kann vernachlässigt werden, da er bei keinem der beiden Partner auftritt (sonst wäre der 1,0 schwarz und die 0,1 einfarbig fahl, aschfarben).

2. Grundregel: Isolierte Behandlung der Faktorgruppen

Farbe:

0,1 \ 1,0	•	B^A
$+$	$+$ •	$+\ B^A$
b	b •	$b\ B^A$

Es fallen 25 % braun- und 25 % schwarzfarbene Weibchen. Die Täuber sind wegen der Dominanz von B^A über b und über $+$ rotfarben, aber mischerbig: $+\ B^A$ mischerbig für schwarzes Pigment, $b\ B^A$ mischerbig für braunes.

Zeichnung:

0,1 \ 1,0	$+$	$+$
C^T	$C^T\ +$	$C^T\ +$
C	$C\ +$	$C\ +$

Es fallen 50 % dunkelgehämmerte Tiere, die mischerbig für Binden sind, und 50 % gehämmerte Tiere, die ebenfalls mischerbig für Binden sind.

1 Einführung

3. Grundregel: Kombination der Faktorgruppen

+ •		b •	
C^T +	C^T +	C^T +	C^T +
C +	C +	C +	C +

+ B^A		b B^A	
C^T +	C^T +	C^T +	C^T +
C +	C +	C +	C +

4. Grundregel: Zusammenfassung

Da bei der Zeichnung nur zwei Typen an Nachkommen auftreten, können identische Felder zusammengefaßt werden:

Farbe	Zeich-nung	Erscheinungsbild	Geschlecht
+ •	C^T +	Dunkel	0,1
+ •	C +	Blaugehämmert	0,1
b •	C^T +	Braunfahldunkelgehämmert	0,1
b •	C +	Braunfahlgehämmert	0,1
+ B^A	C^T +	Rot mit hellen Schwingen und Schwanz	1,0
+ B^A	C +	Rotfahlgehämmert	1,0
b B^A	C^T +	Rot mit hellen Schwingen und Schwanz	1,0
b B^A	C +	Rotfahlgehämmert	1,0

Zusammenfassende Übersicht

Es wäre ein unmögliches Unterfangen, zu versuchen, alle Kombinationsmöglichkeiten hier aufzuzeigen. Mit etwas Übung dürfte es jedoch für jeden leicht möglich sein, anhand der hier genannten Regeln seine spezielle Fragestellung zu lösen.

Als Übung 6 möge der Leser z. B. nachvollziehen, wie aus braunfahlen King und schwarzen King einfarbig Braune erzüchtet werden können.

In der folgenden Übersicht ist noch einmal zusammenfassend aufgeführt, welche Färbungen sich aus der Kombination der drei betrachteten Gruppen von Erbfaktoren ergeben können. Vereinfachend ist in jeder Spalte nur der jeweils dominierende Erbfaktor genannt, bzw. bei rezessiven Faktoren ist Reinerbigkeit für diesen Faktor unterstellt.

Einführung

Farbe	Zeichnung	Ausbreitungsfaktor	Erscheinungsbild
+	c	+	Blau ohne Binden (Hohlig)
+	+	+	Blau mit Binden
+	C	+	Blaugehämmert
+	C^T	+	Dunkel
b	c	+	Braunfahl ohne Binden (Hohlig)
b	+	+	Fahl mit braunen Binden
b	C	+	Braunfahlgehämmert
b	C^T	+	Braunfahldunkelgehämmert
B^A	c	+	Fahl ohne Binden (Hohlig)
B^A	+	+	Fahl mit roten Binden
B^A	C	+	Rotfahlgehämmert
B^A	C^T	+	Rot mit hellen Schwingen und Schwanz
+	beliebig	S	Schwarz
b	beliebig	S	Einfarbig Braun
B^A	beliebig	S	Einfarbig Fahl (Aschfarben)

Die Darstellung der Erbgänge würde natürlich erheblich komplizierter als es in den aufgezeigten Beispielen der Fall war, wenn die im folgenden behandelten Erbfaktoren als vierte, fünfte, sechste ... Betrachtungsebene in die Überlegungen eingeschlossen werden. Am grundsätzlichen Vorgehen würde sich aber nichts ändern. In vielen Fällen genügt es allerdings auch, nur eine oder zwei Faktorgruppen zu berücksichtigen. Dieses folgt schon aus der oben diskutierten 1. Grundregel. Mitunter ist man auch bei vielen beteiligten Faktorgruppen nur daran interessiert zu wissen, wie und ob ein ganz bestimmter Erbfaktor an die Nachzucht weitergegeben wird. Die anderen Erbfaktoren können dann vernachlässigt werden. Dieses könnte z. B. der Fall beim Rezessiv Rot sein. Wenn man nur wissen will, ob ein Tier rezessiv rot ist oder (in beliebiger Färbung) andersfarbig, so genügt offenbar – trotz vieler beteiligter Faktorgruppen – die Analyse einer einzigen.

Diagnoseprobleme

Die genaue Beurteilung von Erbstrukturen anhand des Erscheinungsbildes ist nicht nur bei rezessiven Erbanlagen, die nur in Mischerbigkeit vorhanden sind, schwierig. Viele Erbfaktoren bewirken eine relativ große Variationsbreite des Erscheinungsbildes. Dies liegt vielfach daran, daß sich die Tiere in den übrigen Erbfaktoren unterscheiden. In diesem Zusammenhang spricht man oft von modifizierenden Faktoren, die bei einigen Rassen und Farbenschlägen noch nicht ausreichend untersucht wurden. Solch eine relativ starke Variationsbreite weisen z. B. die bereits angesprochenen einfarbig Fahlen auf. Ein weiteres Beispiel ist die weiter hinten angesprochene Almondfärbung. Es ist deshalb auch nicht verwunderlich, wenn sich einige Farbenschläge mit grundlegend gleicher Erbformel von Rasse zu Rasse etwas unterscheiden. Hier können sich geringe Unterschiede auswirken, z. B., ob der später angesprochene Faktor Smoky vorhanden ist oder nicht.

Solche Variationsbreite der Wirkung hat man nicht nur bei Färbungen, sondern auch bei Abnormitäten wie etwa den Schwimmfuß-Varianten, wo z. T. auch andere Merkmale wie Augenlider, Körpergröße und Vitalität in sehr unterschiedlichem Maße berührt werden.

Neben einer unterschiedlichen genetischen Grundlage mag es auch sein, daß sich unterschiedliche Umweltbedingungen während der Brut- und Aufzuchtzeit auf das Erscheinungsbild auswirken. Für die genaue Ausgestaltung von Scheckungen, wie etwa der Strasser-Scheckung, könnten nach Hollander möglicherweise solche Umwelteinflüsse, und zwar schon während der Bildung des Embryos, mit verantwortlich sein.

1
Einführung

Eine weitere große Schwierigkeit für die Beurteilung der Erbstruktur anhand des Erscheinungsbildes liegt darin, daß einige Erbfaktoren andere überdecken. Dies wurde bereits am Beispiel der einfarbig Fahlen, Schwarzen und Braunen für die Zeichnung und S demonstriert. Solche verdeckten Anlagen lassen sich nur anhand der Abstammung oder durch Testpaarungen aufdecken und führen oft bei Paarungen zu nicht erwarteten Ergebnissen. Weiterhin kommt es häufig vor, daß gleiche oder sehr ähnliche Erscheinungsbilder durch verschiedene Erbfaktoren hervorgerufen werden. Dieses wurde bereits für die Farbenschläge Dun und Braun angesprochen. Einfarbig Fahle werden mitunter ebenfalls fälschlich als Dunfarbene klassifiziert, mitunter auch als hohlige Fahle, ja es gab auch schon Verwechselungen mit dem später zu behandelnden Milky-Silber und bei mischerbigen fahlen Täubern auch mit Andalusierblauen, einer Indigo-Variante. Weitere Beispiele finden sich in den folgenden Kapiteln.

2

Weitere Erbfaktoren

Teil 2

Weitere Erbfaktoren

Färbungen

Rezessiv Rot

Abb. 18

Wegen der großen Verbreitung unter den Taubenrassen soll als nächstes Rezessiv Rot behandelt werden. Die Vererbung dieses Faktors mit dem Symbol e verläuft ähnlich wie beim Ausbreitungsfaktor für Farbe: e überdeckt nämlich ebenfalls die Zeichnungen, allerdings anders als S nur bei Reinerbigkeit (e e). Anders als bei S wird zusätzlich auch die Grundfarbe verdeckt, und es werden auch mehr oder minder stark andere, für die Färbung verantwortliche Faktoren, überdeckt. Auch der Ausbreitungsfaktor für Farbe wird durch e e überdeckt.

Die Überdeckung anderer Erbfaktoren, die keine Allele sind, wird auch Epistasie genannt.

Nicht oder nur unvollständig überdeckt werden einige weiter unten anzusprechende Erbfaktoren wie Dominant Opal, Toy Stencil, Orient Stencil, der Schimmelfaktor und Milky.

Rezessiv rote Tiere können unseren Ausführungen entsprechend im Hinblick auf ihr Erbgut sehr unterschiedlich sein. Ohne Kenntnisse über die Abstammung oder über die Nachzucht kann man für ein Tier deshalb nicht voraussagen, welches Ergebnis man bei Paarungen mit einer anderen Färbung erhält.

Nach eigenen Erfahrungen mit Testpaarungen weisen viele gutgefärbte Rote eine schwarze Grundfarbe auf und besitzen den Ausbreitungsfaktor für Farbe. Solche Tiere sind genetisch wie folgt gekennzeichnet: + + für Farbe (1,0), S S für den Ausbreitungsfaktor und e e für Rezessiv Rot; sie können aber auch für die Grundfarbe Dominant Rot (B^A B^A) oder Braun (b b) sein. Auch S muß nicht vorhanden sein, wie das Beispiel der Agate, des Nebenfarbenschlages der später zu behandelnden Almondfärbung, zeigt.

Abb. 18. Altstämmer, Rot

Weitere Erbfaktoren

Rezessiv Rot findet man bei vielen Rassen wie z. B. Stargarder Zitterhälsen, Steigerkröpfern, King u. a.. Auch bei Brieftauben kommt diese Färbung gelegentlich vor. Mit den fahlen Farbenschlägen des Faktors Dominant Rot können diese Tiere kaum einmal verwechselt werden, da beim Rezessiven Rot Schwingen und Schwanz tiefrot durchgefärbt sind und nicht hellaschfarben auslaufen. Rezessiv Rot wird nicht geschlechtsgebunden vererbt und kann theoretisch gelegentlich aus allen Farbenschlägen fallen. Das ist dann ein Zeichen dafür, daß beide Elternteile für diesen Erbfaktor mischerbig sind (e +). In der Folge werden aus diesem Paar zu einem Viertel rezessiv rote Jungtiere fallen.

Der Faktor e bewirkt auch eine Aufhellung des Schnabels, ohne daß der später zu behandelnde Faktor Smoky vorhanden ist. Außer dem Wild-Typ ist bisher kein Allel zu e bekannt. Auch das Brieftaubenrot ist kein Allel zu e, was sehr oft übersehen wird. Wenn man den Erbgang für Rezessiv Rot mit Hilfe des Punnettschen Quadrates verfolgen will, so dürfen in diesem Quadrat also nur die Symbole e und + auftauchen.

Für die Paarung eines rezessiv roten Tieres mit einem andersfarbigen gilt:

0,1 / 1,0	e	e
+	+ e	+ e
+	+ e	+ e

Die Nachzucht ist bei Reinerbigkeit des andersfarbigen Partners zu 100 % andersfarbig, aber mischerbig für e.

Die genaue Färbung hängt von den anderen beteiligten Erbfaktoren ab. Die Paarung dieser Jungtiere untereinander ergibt ein Viertel rezessiv roter Jungtiere (e e). Ein Viertel ist reinerbig für den Wild-Typ (+ +) und die Hälfte ist mischerbig für Rezessiv Rot (e + und + e):

Weitere Erbfaktoren

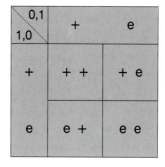

Beispiele

Die beste Paarung zur Erzielung und Erhaltung einer intensiven, rezessiv roten Färbung ist Rot × Rot. Wenn die Ausgangstiere schwach gefärbt sind, so kann eine Einpaarung satt gefärbter schwarzer oder einfarbig brauner Tiere Verbesserungen bringen. Mit der Einpaarung guter schwarzer Tiere wird oft versucht, der bei tiefroten Tieren auftretenden Haarfeder entgegenzuwirken.

Bei Stämmen, die in der Vergangenheit häufig mit Schwarz gepaart wurden, sind meist die folgenden Ergebnisse zu erwarten:

1. Rezessiv Rot × Schwarz (reinerbig): Die Nachzucht ist einfarbig schwarz, aber mischerbig für Rezessiv Rot.

2. Solche mischerbige Schwarze untereinander gepaart ergeben ein Viertel Rezessiv Rote, ein Viertel reinerbig Schwarze und eine Hälfte Schwarze, die mischerbig für Rezessiv Rot sind.

3. Rezessiv Rot × Schwarz (mischerbig für Rezessiv Rot) ergibt zur Hälfte Rezessiv Rote, zur Hälfte mischerbig Schwarze.

4. Schwarze, die mischerbig für Rezessiv Rot sind, ergeben mit Schwarzen, die reinerbig sind, nur schwarze Nachzucht, wobei die Hälfte davon allerdings wieder mischerbig für Rezessiv Rot ist.

2 Weitere Erbfaktoren

Die rezessiv roten Jungtiere kann man schon sehr früh an der rötlich gefärbten Schnabelspitze erkennen, die bei schwarzen Jungtieren schwarz erscheint.

Die mit Schwarz verwandten Rezessiv Roten ergeben auch mit den anderen Färbungen der Schwarzreihe (z. B. Blau mit Binden, Blaugehämmert) in der ersten Generation schwarze Jungtiere, die, untereinander gepaart, auch wiederum ein Viertel rezessiv roter Jungtiere erbringen, daneben fallen allerdings auch Schwarze und andere Färbungen der Schwarzreihe.

Falls die Rezessiv Roten eine brieftaubenrote Grundfärbung besitzen, also gleichzeitig Rezessiv und Dominant Rot sind, so sind natürlich völlig andere Ergebnisse zu erwarten. Es kommt bei diesen Paarungen jetzt z. T. auch entscheidend darauf an, welche Färbung der Täuber und welche Färbung das Weibchen hat, was bei den Paarungen 1–4 vernachlässigt werden konnte.

5. 1,0 Rezessiv Rot auf brieftaubenroter Basis ergibt mit einer Täubin der Schwarzreihe nur Färbungen der Rotreihe, also z. B. einfarbig Fahl, Rotfahl mit oder ohne Binden, Rotfahlgehämmert oder Rot mit hellen Schwingen und Schwanz. Die Tiere sind alle mischerbig für Rezessiv Rot und die Jungtäuber sind außerdem jetzt noch mischerbig für die schwarze und brieftaubenrote Grundfärbung, was sich in dunkleren Spritzern in den Federn bemerkbar macht. Denkbar ist auch, daß der 1,0 Rezessiv Rot mischerbig für die brieftaubenrote Grundfärbung ist und z. B. daneben auch die schwarze Erbanlage besitzt. Solche Täuber könnte man z. B. erhalten, wenn die unter 5 genannte Nachzucht untereinander gepaart wird. In diesen Fällen wird man bei den Jungtieren zur Hälfte Tiere der Schwarzreihe erhalten.

6. 1,0 der Schwarzreihe ergeben mit 0,1 Rezessiv Rot auf brieftaubenroter Basis Jungtäuber wie unter 5 skizziert und 0,1 der Schwarzreihe.

Falls die Rezessiv Roten eine braune Grundfarbe als Basis besitzen, so sind folgende Ergebnisse zu erwarten:

7. 1,0 Rezessiv Rot auf brauner Basis × 0,1 der Schwarzreihe: Alle Täubinnen zeigen die Färbung der Braunreihe, alle Täuber die der Schwarzreihe. Alle sind mischerbig Rezessiv Rot. Bei Mischerbigkeit des 1,0 bei der Grundfarbe für schwarzes Pigment sind auch Täubinnen der Schwarzreihe zu erwarten.

2 Weitere Erbfaktoren

8. 1,0 der Schwarzreihe (reinerbig) ergeben mit Rezessiv Roten auf brauner Basis nur Jungtiere der Schwarzreihe, die alle mischerbig Rezessiv Rot sind, die Täuber zusätzlich mischerbig für die Grundfärbung.

Abb. 19. Kurz- und langbedunte Jungtiere (Schwarz und Dun)

Man kann die Rezessiv Roten auf brauner Basis natürlich auch mit Tieren der Braunreihe – am sinnvollsten einfarbig Braunen – verpaaren. Die Ergebnisse sind dann prinzipiell die gleichen wie bei den Paarungen 1–4, für das Wort „Schwarz" muß man in Gedanken dann lediglich „Braun" einsetzen.

Welche Färbungen von den bisher angesprochenen man aber auch immer nimmt, die folgende Aussage gilt immer:

9. Rezessiv Rot × andersfarbig (nicht mischerbig für Rezessiv Rot) erbringt nur andersfarbige Nachzucht. Diese Jungtiere an Rezessiv Rot zurückgepaart ergeben zur Hälfte Rezessiv Rote, zur Hälfte andersfarbige. Untereinander gepaart würden sie ein Viertel Rezessiv Rote ergeben. Diese vererben – unabhängig davon, aus welchen Färbungen sie selbst gefallen sind – rein. Das bedeutet, untereinander gepaart ergeben diese Rezessiv Roten nur rezessiv rote Nachzucht.

Verdünnungsfaktoren

Dilution

Mit dem Verdünnungsfaktor d (= dilution) haben wir es wie bei der Grundfärbung mir einer geschlechtsgekoppelten Vererbung zu tun, d. h. das Weibchen besitzt nur eine Erbinformation für diesen Faktor. Wenn der Verdünnungsfaktor in reinerbiger Form (d d beim Täuber bzw. •d bei der Täubin) neben die bisherigen Erbfaktoren tritt, so bewirkt er eine Verblassung der Färbung:

Schwarz wird zu Dun, einfarbig Braun zu einfarbig Khaki, Rezessiv Rot zu Rezessiv Gelb, Rotfahl zu Gelbfahl, Rotfahlgehämmert zu Gelbfahlgehämmert, Blau zu Blaufahl (früher oft Silber genannt), Blaugehämmert wird zu Blaufahlgehämmert usw.. Diese verblaßten Farben werden als Verdünntfarben im Gegensatz zu den Intensivfarben bezeichnet. Verwechslungen

2 Weitere Erbfaktoren

Abb. 19

entstehen bei Züchtern vor allem zwischen der Verdünntfarbe von Schwarz (Dun) und intensiv gefärbten einfarbigen Braunen. Zu unterscheiden sind braune und dunfarbene Tiere am einfachsten kurz nach dem Schlupf, da verdünntfarbene Tauben fast nackt, d. h. kurzbedunt sind. Letztere Wirkung ist allerdings auch einigen anderen Erbfaktoren eigen. Braune Farbenschläge und damit auch die Einfarbigen zeigen im Gegensatz zu Dun eine Tendenz zur Aufhellung der Augenfarbe. Man spricht dann auch vom sogenannten „falschen Perlauge". Eine stärkere Verblassung der Färbung wird auch durch einige weiter unten zu behandelnde Erbfaktoren wie Milky und Indigo bei Reinerbigkeit für diese Faktoren erreicht, ohne daß diese Färbungen dann als Verdünntfarben bezeichnet werden. Die Wirkung auf die Färbung ist auch andersartig und hängt stark von der Grundfarbe ab. Auch die kurze Bedunung der Jungtiere fehlt. Mitunter wird sogar Fahl generell als Verdünntfarbe bezeichnet, was z. B. für Rotfahl und andere fahle Farbenschläge, die den Verdünnungsfaktor nicht tragen, falsch ist.

Die geschlechtsgekoppelte Vererbung erlaubt bei einigen Paarungen wiederum die Bestimmung des Geschlechts der Nachkommen anhand der Färbung:

0,1 / 1,0	•	+
d	d •	d +
d	d •	d +

Ein verdünntfarbener Täuber mit einer intensiv gefärbten Täubin bringt intensivgefärbte Täuber (d +) und verdünntfarbene Täubinnen (d •) hervor.

Weitere Erbfaktoren

Falls aus einem intensiv gefärbten Paar ein verdünntfarbenes Jungtier fällt, so ist dieses immer ein Weibchen und der Vater ist mischerbig für den Verdünnungsfaktor:

Abb. 20. Gier, Gelbfahl
Abb. 21. Pommersche Schaukappe (0,1), Du⸺
Abb. 22. Italienisches Mövchen, Gelbfahlgehämmert (Foto: Jungnickel)
Abb. 23. Intensivfarbenschläge und dazugehörige Verdünntfarbenschläge

0,1 / 1,0	•	+
d	d •	d +
+	+ •	+ +

Paarungen zwischen verdünntfarbenen und intensivfarbenen Tauben finden besonders häufig bei Züchtern rezessiv roter Tauben statt. d d wäre dann (bei Reinerbigkeit für e) ein gelber Täuber, •d eine gelbe Täubin. + + ist ein reinerbig roter Täuber, d + ein roter Täuber, aus dem gelbe Jungtiere gezogen werden können, • + ist eine rote Täubin.

In der Abbildung 23 sind die durch Dilution veränderten Erscheinungsbilder aufgeführt. Die nicht aufgeführten Rezessiv Roten werden in der verdünntfarbenen Form zu Rezessiv Gelb. Auch bei einigen erst später anzusprechenden Erbfaktoren führt das Zusammenwirken mit Dilution zu attraktiven Farbenschlägen. So wird Eisfarbig zu Perlblau, Bronze zu Sulfur, Kite zu Golddun, so werden rote Weißschilder zu gelben Weißschildern, rote Tiger zu gelben Tigern, schwarze Tiger zu dunfarbenen Tigern, die attraktiven Grau-Atlasfarbigen der Arabischen Trommeltaube mit ihrem rauchigen Blau und wolkigen Flügeldecken erhalten eine gelblichere Atlasfarbe. Am Rande sei vermerkt, daß die bisher noch nicht analysierte Atlasfarbe nicht mit „Smoky" (rauchig) verwechselt werden sollte, ein Faktor, der später behandelt wird.

Abb. 20

Abb. 21

Abb. 23

Intensivfarbenschlag	Verdünntfarbenschlag
Blau ohne Binden	Blaufahl ohne Binden
Blau mit Binden	Blaufahl mit Binden
Blaugehämmert	Blaufahlgehämmert (bei ockerfarbener Brust oft Gelercht genannt)
Dunkel	Blaufahldunkelgehämmert (z. B. der Farbenschlag Golddun bei Englischen Kurzschnäblern)
Braunfahl ohne Binden	Khakifahl ohne Binden
Braunfahl mit Binden	Khakifahl mit Binden
Braunfahlgehämmert	Khakifahlgehämmert
Braunfahldunkelgehämmert	Khakifahldunkelgehämmert
Rotfahl ohne Binden	Gelbfahl ohne Binden
Rotfahl mit Binden	Gelbfahl mit Binden
Rotfahlgehämmert	Gelbfahlgehämmert
Rotfahldunkelgehämmert (auch Rot mit hellen Schwingen u. Schwanz od. Dominant Rot genannt)	Gelbfahldunkelgehämmert (auch Gelb mit hellen Schwingen u. Schwanz od. Dominant Gelb genannt)
Schwarz	Dun
Braun (einfarbig)	Khaki (einfarbig)
Fahl (einfarbig)	Creme (einfarbig mit einem gelblichen Ton)

Abb. 22

Die Verdünntfarbenschläge bei schwarzer Grundfarbe (Blaufahl mit und ohne Binden, Blaufahlgehämmert und Blaufahldunkelgehämmert) zeigen oft eine ockerfarbene Brust. Bei Coburger Lerchen und Sächsischen blaufahlen Kröpfern wird dieses im Standard gefordert. Bei anderen Rassen ist der Ockerton durch Zuchtauslese zurückgedrängt worden. Die diese Unterschiede bewirkenden, modifizierenden Faktoren sind bislang noch nicht gründlicher analysiert worden.

Weitere Erbfaktoren

2 Weitere Erbfaktoren

Abb. 24 Abb. 25 Abb. 26

Beispiele

Allgemein gilt unabhängig von den jeweiligen Farbenschlägen:

1. 1,0 Verdünntfarben × 0,1 Intensivfarben: Alle Täuber sind Intensivfarbene, aber mischerbig für den Verdünnungsfaktor, alle Jungweibchen sind Verdünntfarbene.

2. 1,0 reinerbig Intensivfarben × 0,1 Verdünntfarben: Alle Jungtiere sind Intensivfarbene, die Jungtäuber – und nur diese – sind mischerbig für den Verdünnungsfaktor.

3. 1,0 Intensivfarben, mischerbig für den Verdünnungsfaktor × 0,1 Intensivfarben: Die Jungtäuber sind Intensivfarbene, zur Hälfte allerdings mischerbig für den Verdünnungsfaktor, die Jungweibchen sind zur Hälfte Intensivfarbene, zur Hälfte Verdünntfarbene.

4. 1,0 Intensivfarben, mischerbig für den Verdünnungsfaktor × 0,1 Verdünntfarben: Die Jungtäuber sind zur Hälfte Verdünntfarbene, zur Hälfte Intensivfarbene, aber mischerbig für den Verdünnungsfaktor. Die Jungweibchen sind ebenfalls zur Hälfte Verdünntfarbene, zur Hälfte Intensivfarbene.

Abb. 27   Abb. 28   Abb. 29

Abb. 24. Schmöllner Trommeltaube, Blaufahl mit Binden

Abb. 25. Coburger Lerche, „Silber" ohne Binden (Blaufahl ohne Binden)

Abb. 26. Coburger Lerche, „Gelercht" (Blaufahlgehämmert)

Abb. 27. Berliner Kurze, Khakifahl mit Binden, in Berlin „Isabell" genannt)

Abb. 28. Ostpreußischer Werfer, Gelb

Abb. 29. Arabische Trommeltaube, Gelbglasfarbig (Foto: Wolters)

2 Weitere Erbfaktoren

Wer nur zusammengehörende Farbenschläge verpaart, die sich lediglich durch das Vorhandensein oder Nichtvorhandensein des Verdünnungsfaktors unterscheiden (z. B. Rezessiv Rot und Rezessiv Gelb oder Schwarz und Dun oder Braun und Khaki, Blau und Blaufahl, Rotfahl und Gelbfahl usw.), der kann an den Beispielen 1 bis 4 unmittelbar das Ergebnis aller denkmöglichen Paarungen ablesen. Man muß in diesen Fällen dann nur für Intensiv z. B. Rezessiv Rot einsetzen und für Verdünnt entsprechend Rezessiv Gelb. Aus den Beispielen kann auch anhand der Nachzucht aus intensivfarbenen Täubern unmittelbar abgelesen werden, ob diese reinerbig oder mischerbig für den Verdünnungsfaktor sind.

Wenn Farbenschläge miteinander verpaart werden, die sich neben dem Verdünnungsfaktor auch in der Grundfarbe unterscheiden (z. B. Rotfahl × Blaufahl), so sind für eine vollständige Erklärung der zu erwartenden Farbenschläge die Beispiele im Kapitel über die Vererbung der Grundfarbe (siehe Seite 29 ff.) ergänzend heranzuziehen. Der Verdünnungsfaktor ist ja kein Allel zu den Grundfarben. Blaufahle gehören deshalb genauso zur Schwarzgruppe wie einfarbig Schwarze und Dunfarbene, Gelbfahle gehören zur Rotgruppe wie Rotfahle, Rotfahlgehämmerte und die anderen Farbenschläge, die das Brieftaubenrot besitzen. Für Braun gilt das gleiche: auch hier gehören die khakifarbenen Farbenschläge zur Braungruppe. Bei solchen Paarungen von Farbenschlägen, die sich sowohl in der

2 Weitere Erbfaktoren

Grundfarbe als auch im Verdünnungsfaktor unterscheiden, ist allerdings zu beachten, daß beide Erbanlagen auf dem gleichen Chromosom liegen und deshalb nicht unabhängig voneinander vererbt werden. Auf die sich dadurch ergebenden Besonderheiten wird bei der Darstellung der Faktorenkoppelungen eingegangen (siehe Seite 144).

Auch die Zeichnungsanlage wird durch das Hinzutreten des Verdünnungsfaktors nicht geändert, so daß auch die dort genannten Beispiele auf Paarungen mit verdünntfarbenen Farbenschlägen mit den Zeichnungen Binden, Hämmerung usw. anzuwenden sind.

Sehr häufig werden bei verschiedenen Rassen einfarbig Schwarze, Dunfarbene, Rezessiv Rote und Rezessiv Gelbe miteinander verpaart. Braune sind seltener beteiligt, da dieser Erbfaktor bei vielen Rassen überhaupt nicht vorkommt. Für die bisher noch nicht angesprochenen Fälle, in denen der Verdünnungsfaktor beteiligt ist, gelten die im folgenden aufgezeigten Zusammenhänge. Es wird dabei davon ausgegangen, daß die Rezessiv Roten und Gelben eine schwarze Grundfarbe im Erbgut besitzen. Zunächst wird auch unterstellt, daß die Schwarzen und Dunfarbigen nicht mischerbig für Rezessiv Rot sind.

5. 1,0 Schwarz, mischerbig für den Verdünnungsfaktor × 0,1 Rezessiv Rot: Die Jungtäuber sind schwarz, mischerbig für rezessives Rot und zur Hälfte mischerbig für den Verdünnungsfaktor. Die Jungweibchen sind zur Hälfte schwarz, zur Hälfte dunfarben, alle sind mischerbig für Rezessiv Rot.

6. 1,0 Schwarz, mischerbig für den Verdünnungsfaktor × 0,1 Rezessiv Gelb: Es fallen schwarze und dunfarbene Jungtiere in beiden Geschlechtern. Alle Jungtiere sind mischerbig für Rezessiv Rot.

7. 1,0 Rezessiv Rot, mischerbig für den Verdünnungsfaktor × 0,1 Schwarz: Die Jungtäuber sind schwarz, zur Hälfte mischerbig für den Verdünnungsfaktor. Die Jungweibchen sind zur Hälfte schwarz, zur Hälfte dunfarbig, alle Jungtiere sind mischerbig für Rezessiv Rot.

Weitere Erbfaktoren

8. 1,0 Rezessiv Rot, mischerbig für den Verdünnungsfaktor × 0,1 Dun: Die Jungtäuber sind zur Hälfte dunfarben, zur Hälfte schwarz und mischerbig für den Verdünnungsfaktor. Die Jungweibchen sind zur Hälfte dunfarben, zur Hälfte schwarz, alle Jungtiere sind mischerbig für Rezessiv Rot.

9. 1,0 Rezessiv Gelb × 0,1 Schwarz: Die Jungtäuber sind schwarz, aber mischerbig für den Verdünnungsfaktor, die Jungweibchen dunfarben. Alle Jungtiere sind mischerbig für Rezessiv Rot.

10. 1,0 Rezessiv Gelb × 0,1 Dun: Die Jungtiere sind dunfarben und mischerbig für Rezessiv Rot.

11. 1,0 Reinerbig Schwarz × 0,1 Rezessiv Gelb: Alle Jungtiere sind schwarz und mischerbig für Rezessiv Rot, die Jungtäuber sind zusätzlich noch mischerbig für den Verdünnungsfaktor.

12. 1,0 Dun × 0,1 Rezessiv Rot: Die Jungtäuber sind schwarz, aber mischerbig für den Verdünnungsfaktor, die Jungweibchen sind dunfarben. Alle sind mischerbig für Rezessiv Rot.

13. 1,0 Dun × 0,1 Rezessiv Gelb: Alle Jungtiere sind dunfarben und mischerbig für Rezessiv Rot.

14. 1,0 Rezessiv Rot (reinerbig intensiv) × 0,1 Dun: Alle Jungtiere sind schwarz und mischerbig Rezessiv Rot, die Täuber zusätzlich mischerbig für den Verdünnungsfaktor.

Wenn die schwarzen und dunfarbenen Ausgangstiere in den oben genannten Beispielen mischerbig für Rezessiv Rot sind – wie die gesamte Nachzucht aus den aufgeführten Beispielen 5–14, so ist bei den jeweiligen Paarungen der Anteil der schwarzen und dunfarbenen Jungtiere nur halb so groß wie ausgewiesen. An die Stelle der Schwarzen werden zur Hälfte Rezessiv Rote treten, von den ausgewiesenen Dunfarbenen wird die Hälfte durch Rezessiv Gelbe ersetzt. Falls aus einem schwarzen oder dunfarbenen Tier ein rotes oder gelbes Jungtier fällt, so kann man dieses als Beweis dafür nehmen, daß das Tier mischerbig für Rezessiv Rot ist.

Weitere Erbfaktoren

Abschließend sei noch angemerkt, daß die Paarung Rezessiv Roter mit Rezessiv Gelben meist nur den letzteren zugute kommt, da durch solche Paarungen eine zu starke Aufhellung der gelben Färbung verhindert wird. Für den rezessiv roten Farbenschlag liegt die Gefahr der Farbverschlechterung darin, daß auch weniger intensiv gefärbte Gelbe meist noch attraktiv aussehen, deshalb anders als im rezessiv roten Farbenschlag nicht ausgesondert werden und die Farbschwäche in den roten Farbenschlag hineintragen können.

Pale

Der Verdünnungsfaktor d hat neben dem Wild-Typ + ein weiteres Allel d^P (pale), das selten vorkommt. Die Verdünnung der Farbe ist geringer als bei d. Dominant Rot wird zu „Orange" verändert. In einigen Rassen dürften dunkler erscheinende Ausstellungstiere unter der Bezeichnung „Gelb" in Wirklichkeit genetisch Pale (d^P) statt Verdünnt (d) sein. Sie sind also durch e e; $d^P d^P$ (1,0) bzw. $d^P \bullet$ (0,1) gekennzeichnet. Diese Färbung wird bei Englischen Modena „Gold" genannt. d^P ist rezessiv gegenüber +, dominiert aber d. Die Rangfolge im Hinblick auf die Dominanz ist damit: $+ > d^P > d$.

Pale ist auch verantwortlich für die Färbung der Goldgimpel, die Aufhellung der Kupfergimpel, die genetisch als Bronzevariante geführt werden.

Abb. 30 *Abb. 31*

Abb. 30. Englischer Modena, Gold
Abb. 31. Goldgimpel, Schwarzflügel

Züchterisch bereitet Pale, was man mit ausgebleicht oder blaß übersetzen könnte, keine besonderen Schwierigkeiten. Gegenüber den Intensivfarben verhält es sich genauso wie der Verdünnungsfaktor Dilution, so daß man die dort aufgeführten Beispiele unmittelbar auch auf Pale übertragen kann. Gegenüber der Verdünnung Dilution ist Pale dominant und verhält sich damit im Erbgang gegenüber Dilution wie die Intensivfarben. Man kann für die Analyse der Nachzucht von Paarungen zwischen Pale und Dilution also auch auf die oben genannten Beispiele zurückgreifen. Es ist dann jedoch Pale an die Stelle der Intensivfarben zu setzen.

Reduced

Reduced (r) ist ein weiterer Faktor, der auf dem Geschlechtschromosom angesiedelt ist, aber nicht an der gleichen Stelle wie d und d^P. Reduced (herabgesetzt) setzt ebenfalls die Intensität der Färbung herab. Dieser Faktor wurde erst 1951 von Carl Graefe erkannt und untersucht. Er bringt in Kombinationen mit anderen Erbfaktoren wunderschöne Farbenschläge hervor. Typisch für Reduced ist, daß sie vom Jugendkleid dunkler ausmausern.

Abb. 32 *Abb. 33*

Abb. 32. Reduced (0,1) mit Binden
(Foto: Hollander)

Abb. 33. Reduced (0,1), Gehämmert
(Foto: Hollander)

Weitere Erbfaktoren

Blau wird durch Reduced zu einem zarten Pastell mit einer zart rötlichen Bindenfärbung verändert. Als weitere Variante ist bislang eigentlich nur eine silbergraue, mitunter eine leichte Säumung zeigende Variante weiter verbreitet worden. Es handelt sich dabei um i.d.R. sehr dunkel gehämmerte Tiere bei schwarzer Grundfärbung mit dem Ausbreitungsfaktor, also um ansonsten intensiv schwarze Tiere, die zusätzlich in Reinerbigkeit den Reduced-Faktor besitzen. Reduced hellt vor allem die dunklen Partien der Zeichnungsanlagen auf, also die Hämmerung bzw. die Bindenzeichnung, so daß man bei Tieren mit S und mit der Zeichnungsanlage für Binden weiße Binden erhalten kann.

Bindige Reduced kann man sehr gut mit Blaubindigen verpaaren. Silbergraue Reduced lassen sich dagegen am besten mit Schwarzen verpaaren, die im Untergrund dann aber möglichst die Zeichnungsanlage C^T haben sollten.

Abb. 34

Beispiele

Für die Paarung von Reduced mit den anderen Färbungen gilt:

1. 1,0 Reduced × Blaubindig bzw. Schwarz: Die Jungtäuber sind Blaubindige bzw. Schwarze, aber mischerbig für Reduced. Die Täubinnen sind Reduced.

2. 1,0 reinerbig Blaubindig bzw. Schwarz × Reduced: Täuber und Täubinnen sind Blaubindige oder Schwarze, die Täuber (und nur diese!) sind mischerbig für Reduced.

3. 1,0 Blaubindig bzw. Schwarz, mischerbig für Reduced × Reduced: Die Jungtäuber sind zu 50 % Reduced, zu 50 % Blau bzw. Schwarz, aber mischerbig für Reduced. Die Jungweibchen sind zu 50 % Reduced, zu 50 % Blaue bzw. Schwarze.

4. 1,0 Blaubindig bzw. Schwarz, mischerbig für Reduced × Blaubindig bzw. Schwarz: Die Täuber sind Blaubindige bzw. Schwarze, die Hälfte davon mischerbig für Reduced, die Weibchen sind zur Hälfte Reduced, zur Hälfte Blaubindige bzw. Schwarze.

Abb. 34. Reduced (0,1) mit Binden und Ausbreitungsfaktor für Farbe (Foto: Hollander)

Weitere Erbfaktoren

Aus diesen Beispielen wird deutlich, daß man einen Stamm mit dem Faktor Reduced nur aufbauen kann, wenn man ein Tier erhält, das diesen Faktor im Erscheinungsbild zeigt oder diesen Faktor garantiert in Mischerbigkeit besitzt. Letzteres kann nur bei den Täubern der Fall sein und trifft immer dann zu, wenn die Mutter oder der Vater reduced war. Wenn der Vater ein Reduced-Träger in Mischerbigkeit war, so stehen die Chancen 50 : 50. Wer sich ein schwarzes oder blaues Weibchen für den Aufbau der Zucht geben läßt, der ist schlecht beraten. Auch wenn dieses aus mischerbigen Reduced Täubern oder aus Reduced Müttern stammt, kann es aufgrund der geschlechtsgebundenen und rezessiven Vererbung doch niemals mischerbig für diesen Faktor sein.

Wenn man ein Tier mit dem Reduced-Faktor besitzt, so kann man unabhängig davon, ob das Tier bindig oder einfarbig silbergrau ist, die jeweils andere Färbung erzüchten. Ein bindiger Reduced 1,0 erbringt mit einer intensiv gefärbten einfarbigen Schwarzen i.d.R. schon in der 1. Generation silbergraue Täubinnen. Diese an einen bindigen reduced 1,0 zurückgepaart erbringen dann auch schon silbergraue Täuber. Der umgekehrte Weg ist etwas länger: ein silbergrauer 1,0 an eine blaubindige 0,1 gepaart erbringt silbergraue 0,1 und schwarze 1,0, die mischerbig für Reduced sind. Aus der Paarung dieser Nachzucht untereinander kann dann schon ein bindiges Tier in Reduced fallen. Man kann die silbergrauen 0,1 der 1. Generation aber auch an einen blauen 1,0 paaren und die daraus fallenden blauen Söhne (nicht die auch anfallenden schwarzen und gehämmerten Söhne) an die Mutter zurückpaaren. Andere Wege führen auch zum Ziel, aber meist nicht so schnell und sicher. Aus diesen Paarungen werden u. U. auch einige gehämmerte Reduced anfallen, die rötlich aufgehellte Binden und Hämmerungen besitzen.

Reduced in Verbindung mit der brieftaubenroten Grundfarbe ergibt eine blaßrote, ins Rosafarbene gehende Färbung. Viele weitere Kombinationen mit anderen Erbfaktoren sind möglich, aber bisher kaum erprobt. Vorhanden ist der Erbfaktor bisher u. a. bei Pfautauben, Englischen Long Faced Tümmlern und den amerikanischen Giant Homers.

2 Weitere Erbfaktoren

Almond und die dazugehörigen Allele

Almond

Almond ist ebenfalls auf dem Geschlechtschromosom angesiedelt. Im Gegensatz zu den zuletzt angesprochenen Faktoren ist Almond aber gegenüber dem Wild-Typ dominant. Almond mit dem Symbol St ist bei Englischen Kurzschnäbligen Tümmlern, Orientalischen Rollern, Dänischen Tümmlern, Modenesern und einigen anderen Rassen vorhanden, in die St zumeist durch Einpaarungen der erstgenannten Rassen in jüngerer Zeit eingeführt wurde. Beispiele hierfür sind Pfautauben und Chinesentauben.

Abb. 35

Die besondere Schwierigkeit in der Zucht liegt darin, daß reinerbige Almondtäuber kaum lebensfähig und mit Sehdefekten behaftet sind. Äußerlich sind sie fast weiß. Da solche Täuber regelmäßig auftreten, wenn man zwei Almonds miteinander verpaart, hat schon Fulton (1876) in seiner viele Seiten umfassenden Darstellung des Englischen Kurzschnäbligen Almond-Tümmlers von der Verpaarung zweier Almonds abgeraten.

Für die typische Almond-Färbung, wie sie beim Englischen Kurzschnäbler verlangt und mitunter gezeigt wird, sind die bestgefärbten Tiere obendrein mischerbig für weitere Erbfaktoren. Gute Almondtäuber besitzen neben einer schwarzen Grundfarbe die folgenden Erbfaktoren: St +; $C^T C^T$; e +; G +; K K. Die Weibchen haben den Faktor St geschlechtsgebunden nur einfach, die Formel muß hier also mit St • beginnen. C^T und K können auch in Mischerbigkeit vorhanden sein, ohne daß dieses die Farbkomposition wesentlich stört. Stören könnte dieses allerdings im weiteren Zuchtverlauf in späteren Generationen. Das Symbol K steht für Kite, ein bislang noch nicht angesprochener Bronzefaktor. Mit Kite bezeichnet man auch eine Nebenfarbe der Almondzucht, auf die man in der Zucht zurückgreifen muß. Auf die genetische Substanz wird später einzugehen sein.

Almonds sind nach diesen Ausführungen also mischerbig für den Almondfaktor bzw. bei den Weibchen ist dieser Faktor nur einfach vorhanden. Sie sind im allgemeinen reinerbig dunkelgehämmert, mischerbig für Rezessiv Rot und für den Schimmelfaktor und reinerbig für den Bronzefaktor K. Mitunter ist auch noch der Verdünnungsfaktor „dilution" vorhanden, aber auch ohne diesen Faktor sind Almonds nach dem Schlupf kurz bedunt.

Abb. 36

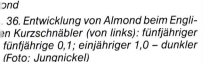

35. *Englischer Kurzschnäbler (1,0), ...ond*

36. *Entwicklung von Almond beim Englischen Kurzschnäbler (von links): fünfjähriger ...; fünfjährige 0,1; einjähriger 1,0 – dunkler ... (Foto: Jungnickel)*

37. *Dänische Tümmler, Braun- und ...stipper*

38. *Chinesentaube, Vielfarbig (Foto: ...gnickel)*

39. *Orientalischer Roller, Vielfarbig ...o: Jungnickel)*

Abb. 38  *Abb. 39*

b. 37

In der deutschen Musterbeschreibung für Englische Kurzschnäblige Tümmler werden die Anforderungen an die Färbung wie folgt gestellt:

„Grundfarbe mandelgelb (nicht mahagonifarbig). In seinem Jugendkleid ist der Almond hellgelb, ohne dunkle Spritzer. Nach der ersten Mauser zeigen sich an der Brust und am Hals schwarze Spritzer und Flecken, die sich später über den ganzen Körper verbreiten. Täuber sind in der Zeichnung stets dunkler als Täubinnen. Ausschlaggebend ist die Färbung des Schwanzes und der ersten 8–10 Schwungfedern 1. Ordnung. Diese müssen auf gelbem Grund weiße und schwarze abgesetzte Zeichnung aufweisen, also dreifarbig (Almondfarbe) und frei von Grautönen sein."

Almond reagiert im übrigen sehr sensibel auf Änderungen im oben dargestellten Erbgefüge, und noch lange nicht alle wichtigen Kombinationsmöglichkeiten sind bisher erfaßt und beschrieben worden. Verschiedene dieser Varianten sind bei einigen Rassen als eigenständige Farbenschläge unter verschiedenen Bezeichnungen anerkannt. Die Farbenschläge „Vielfarbig", „Magnani vielfarbig und cremefarbig" sowie die „Sprenkel" und „Stipper" mit ihren Untergruppen besitzen alle den Almondfaktor.

Weitere Erbfaktoren

Abb. 40

Abb. 41

Abb. 42

Bei den Graustippern und Sprenkeln ist neben dem Almondfaktor noch der Ausbreitungsfaktor für Farbe (S) vorhanden, der bei der typischen Almondfärbung fehlt. Die etwas schwache Grundfärbung der Magnani – gemessen an den Englischen Kurzschnäblern – bei den Modenesern und Englischen Modena dürfte auf das Fehlen des Kite-Faktors in diesen Rassen zurückzuführen sein. Die Dänischen Stipper sind in der ersten Hälfte des vorigen Jahrhunderts aus Kreuzungen Dänischer Tümmler mit Englischen Kurzschnäblern entstanden. Gelbstipper sind verdünntfarbene Almonds mit Selektion auf eine terrakottagelbe Grundfärbung, Braunstipper das intensivfarbene Gegenstück mit Selektion auf eine tiefbraune Grundfärbung. Diese erhält durch den später zu behandelnden Erbfaktor Brander-Bronze zusätzlichen Glanz. Es gibt auch Almondvarianten mit brieftaubenroter und brauner Grundfarbe. Diese zeigen statt der schwarzen Flecken und Spritzer aschrote bzw. braune.

Die Erzüchtung gutgefärbter Almonds ist aufgrund der oben dargestellten Erbstruktur eine der großen Herausforderungen in der Taubenzucht. Unter Berücksichtigung dieser Struktur, die vor allem von amerikanischen Züchtern und Wissenschaftlern entschlüsselt wurde (Hollander, Quinn, Rinehart u. a.), ist es relativ einfach, die Ergebnisse bei bestimmten Paarungen vorherzusagen.

Abb. 40. Dänischer Tümmler, Graustipper
Abb. 41. Dänischer Tümmler (1,0), Braunstipper
Abb. 42. Braunstipper (1,0), im Jugendgefieder
Abb. 43. Dänischer Tümmler (1,0), Rot Agate aus der Braunstipper-Zucht
Abb. 44. Dänischer Tümmler (0,1), Kite aus der Braunstipper-Zucht im Jugendgefieder

Abb. 43

Abb. 44

2 Weitere Erbfaktoren

Für denjenigen, der sich weniger für das „Warum" und mehr für das „Wie" interessiert, kann eine kurze Zusammenstellung der wichtigsten Paarungen und ihrer Ergebnisse dennoch von Nutzen sein. Es wird im folgenden zunächst nur von der typischen Almond-Färbung und den dazugehörenden Nebenfarben die Rede sein, nicht dagegen von Sprenkeln, Graustippern und anderen Farbenschlägen, die ebenfalls den Faktor St besitzen, deren konkrete Färbungen aber durch andere Erbfaktoren bestimmt wird. Zur typischen Almondfärbung kann man auch einige der vielfarbigen Orientalischen Roller zählen.

Hinweise für die Zucht gutgefärbter Almonds

Zunächst ist als erste Grundregel festzuhalten, daß man Almonds nur aus Paarungen ziehen kann, bei denen mindestens ein Partner den Almondfaktor besitzt. Vorstellungen, man könne beliebig Farben mischen, z. B. Schwarz und Rotfahl paaren und dann noch etwas Rezessiv Rot (Tümmlerrot) hineinbringen, sind irrig. Aus solchen Paarungen werden z. T. dunkelgraue Tiere mit z. T. rötlichen Einsprengseln fallen, niemals aber Almonds! Wenn der Faktor für Almond in einer Rasse nicht vorkommt, so muß man ihn durch Kreuzungen mit anderen Rassen hineinholen, wobei man hier allerdings auch auf Stipper und Sprenkel zurückgreifen kann.

Weitere Erbfaktoren

Almond und De Roy

Den Almondfaktor besitzen die typischen Almonds und die sogenannten „De Roy". Die Färbung der ersteren wurde für die Englischen Kurzschnäbligen Tümmler schon skizziert.

De Roys werden mitunter mit den später zu behandelnden Agates zusammengeworfen. Für unsere Zwecke ist es aber wichtig, beide Färbungen streng zu trennen. De Roys liegen farblich zwischen Rot und Gelb und weisen im Halsbereich meist einige dunklere gelbe Federn auf. Sie sind Agates mit Almondfaktor.

Kites und Agates

Kites sind braunschwarze Tiere mit starkem Bronzeglanz an der Brust, in den Schwingen und im Schwanz. Genetisch handelt es sich um dunkelgehämmerte Tiere mit dem Bronzefaktor. Tiere mit besonders intensivem Bronzeglanz sind zusätzlich mischerbig Rezessiv Rot. Der Schimmelfaktor ist bei den meisten auch vorhanden, wenn er sich oft auch nur im Kopfbereich oder an einzelnen weißen Federn im Halsbereich zeigt. Die dunkle Hämmerung hat ja bekanntlich die Eigenschaft, den Schimmelfaktor zu unterdrücken. Sogenannte Golddun sind verdünntfarbene Kites.

Abb. 47

Abb. 45

Abb. 46

Abb. 45. Englischer Kurzschnäbler, Kite
Abb. 46. Englischer Kurzschnäbler, Gold
Abb. 47. Englischer Kurzschnäbler, De R

Abb. 48. Englischer Kurzschnäbler, Rot Agate
Abb. 49. Englischer Kurzschnäbler, Gelb Agate

Abb. 48

Abb. 49

2

Weitere Erbfaktoren

Tritt der Faktor Rezessiv Rot in Reinerbigkeit zu den Erbfaktoren der Kites und Golddun hinzu, so erhält man rote bzw. gelbe Agates. Agates sind damit rote oder gelbe Tiere, bei denen die Einfarbigkeit mitunter durch mehr oder minder viele weiße Flecken aufgelockert ist. Genetisch sind diese rein- oder mischerbige Schimmel bei rezessiv roter Färbung. Anders als die meisten Rezessiv Roten anderer Rassen besitzen rote und gelbe Agates nicht den Faktor S.

Agates und Kites kann man als Nebenfarben der Almonds auffassen, da sie aus den spalterbigen Almond-Ausstellungstieren fallen und für die Zucht gutgefärbter Almonds unentbehrlich sind. Um die Darstellung nicht zu kompliziert und umfangreich werden zu lassen, ist im folgenden bei den Beispielen auf die Unterscheidung der intensivfarbenen und der verdünntfarbenen Agates und Kites verzichtet. Vor einem zu häufigen Einsatz der Verdünntfarben (Golddun und gelbe Agates) sei aber im Hinblick auf die Erfahrung amerikanischer Züchter gewarnt, wonach die Kombination von Verdünntfaktor und Almond die Lebenskraft schwächt. Dieses zeigt sich auch in der Zucht Dänischer Gelbstipper im häufigen Auftreten von Störungen im Bewegungsablauf bei jungen Gelbstippern.

2 Weitere Erbfaktoren

Paarungshinweise

Zwei Tiere mit dem Almondfaktor sind möglichst nicht zu verpaaren, da aus ihnen ein Viertel der Jungtiere fast weiß, kaum lebensfähig und mit Sehdefekten behaftet ist. Das schließt nicht aus, daß man auch aus solchen Paarungen schöne Almonds züchten kann. Dennoch sollen im folgenden zunächst die typischen und empfehlenswerten Paarungen 1–6 skizziert werden. Bei den folgenden Paarungshinweisen ist angenommen, soweit nicht ausdrücklich anders gesagt, daß die Elterntiere typische Almonds sind, also die gewünschte Standardfärbung zeigen, und daß die Kites einen relativ starken Bronzeton aufweisen sowie den Schimmelfaktor – und sei dieser auch weitgehend verdeckt.

Abb. 50

1. Almonds × Kite 0,1: Ein Viertel der Jungtiere wird aus Almonds mit einer relativ guten Grundfärbung (Anteile der Mandelfarbe) bestehen, ein Achtel aus Almonds mit mangelnder Grundfärbung, ein Achtel aus De Roys, ein Viertel aus Kites mit sehr gutem, ein Achtel aus Kites mit weniger Bronzeglanz und ein Achtel aus Agates. Der Schimmelanteil, der sich bei den Agates und mitunter auch bei den Kites in mehr oder minder viel Weiß bzw. Schimmelanflug zeigt, ist bei den genannten Anteilen für zusätzliche Unterschiede verantwortlich. So wird z. B. ein Viertel der Agates aus sehr stark weißgescheckten Tieren bestehen, die Hälfte wird mittelstark gescheckt sein, der Rest ist einfarbig.

   Falls das bei der Paarung eingesetzte Kites-Weibchen im Bronzeton schwach ist, so werden in der Nachzucht die De Roys und Agates fehlen und die Anteile der anderen Gruppen höher sein. An die Stelle der De Roys treten zusätzliche Almonds, an die Stelle der Agates zusätzliche Kites.

   Bei den Jungtieren in allen diesen Gruppen handelt es sich sowohl um Täuber als auch um Täubinnen.

2. Kite × Almond 0,1: Die Jungtäuber bestehen zur Hälfte aus Almonds mit einer guten Grundfärbung, zu einem Viertel aus Almonds mit einer schlechten Grundfärbung und zu einem Viertel aus De Roys.

   Bei den Jungweibchen handelt es sich bei drei Vierteln um Kites und bei einem Viertel um Agates mit unterschiedlichen Weißanteilen. Bei schwacher Bronzefärbung des Kites gilt das zu Paarung 1 Gesagte: An die Stelle der De Roys treten zusätzliche Almonds, an die Stelle der Agates zusätzliche Kites.

Weitere Erbfaktoren

Abb. 50. Reinerbiger Almond-Täuber aus der Dänischen Braunstipper-Zucht mit Augendefekt

3. Almonds × Agate 0,1: Ein Viertel der Jungtiere ist Almond mit einer guten Grundfarbe, ein Viertel De Roy, ein Viertel Agate und ein Viertel Kites, wobei in allen vier Gruppen sowohl Täuber als auch Täubinnen anfallen.

4. Agate × Almond 0,1: Die Jungtäuber sind zur Hälfte Almond mit einer guten Grundfarbe, zur Hälfte De Roy, die Jungweibchen sind zur Hälfte Kites, zur anderen Hälfte Agates.

5. De Roy × Kite 0,1: Ein Viertel der Jungtiere besteht aus Almonds mit guter Grundfarbe und jeweils ein weiteres Viertel sind De Roy, Agate und Kite. In allen vier Gruppen fallen sowohl Täuber als auch Täubinnen.

6. Kite × De Roy 0,1: Die Jungtäuber sind jeweils zur Hälfte Almonds mit einer guten Grundfarbe und De Roys, die Jungweibchen zur Hälfte Kites, zur Hälfte Agates.

Auch aus den hier nicht empfohlenen Paarungen zweier Almonds miteinander – wegen der Ausfälle von einem Viertel der Jungtiere durch mangelnde Vitalität – kann man dennoch natürlich gute Almonds ziehen. Es widerstrebt aber wohl den meisten Züchtern, von vornherein in der Zucht einige nicht lebensfähige Tiere einzukalkulieren. Deshalb nur die kurzen Hinweise.

7. Almond × Almond: Ein Viertel der Jungtiere ist fast weiß, kaum lebensfähig und mit Sehdefekten behaftet. Drei Achtel sind Almonds in beiden Geschlechtern, ein Achtel De Roys in beiden Geschlechtern, drei Sechzehntel Kite-Weibchen und ein Sechzehntel Agate-Weibchen.

8. und 9. De Roy × Almond 0,1 und Almond × De Roy 0,1: Ein Viertel fällt aus oben genannten Gründen aus, ein Viertel ist Almond in beiden Geschlechtern, ein Viertel De Roy in beiden Geschlechtern, ein Achtel besteht aus Kites-Weibchen und ein weiteres Achtel aus Agate-Weibchen.

10. De Roy × De Roy: Aus dieser Paarung werden keine Almonds fallen, sondern neben dem obligatorischen Ausfall eines Viertels zur Hälfte De Roys in beiden Geschlechtern und zu einem Viertel Agate-Weibchen.

Weitere Erbfaktoren

11. und 12. De Roy × Agate 0,1 und Agate × De Roy 0,1: Auch aus diesen Paarungen werden keine Almonds fallen, sondern nur Agates und De Roys.

Bei den folgenden Beispielen handelt es sich um Paarungen der Nebenfarben untereinander.

13. Kite × Kite: Wenn die Ausgangstiere beide relativ viel Bronzeton aufweisen, so wird die Nachzucht zu drei Vierteln aus Kites und zu einem Viertel aus Agates in beiden Geschlechtern bestehen. Zeigt einer der Partner oder beide nur wenig Bronzeton, so fallen nur Kites.

14. Agate × Agate: Aus dieser Paarung fallen nur Agates in beiden Geschlechtern.

15. und 16. Kite × Agate 0,1 und Agate × Kite 0,1: Soweit die Kites starken Bronzeton zeigen, fallen zur Hälfte Kites und zur Hälfte Agates in beiden Geschlechtern. Ist der Bronzeton relativ schwach, so fallen nur Kites.

An dieser Stelle noch einige Anmerkungen zu den sogenannten Golddun, den verdünntfarbenen Kites. Wenn aus zwei Kites oder einem Kite und einem roten Agate einmal ein solches Tier fällt, so handelt es sich immer um ein Weibchen und der Vater ist spalterbig für den Verdünnungsfaktor. Auch in der Folge werden aus diesem Paar golddunfarbene Weibchen fallen. Solche Täubinnen an den Vater zurückgepaart erbringen u. a. golddunfarbene Jungtiere in beiden Geschlechtern. Das würde auch für Paarungen golddunfarbener Täubinnen an gelbe Agate gelten. An reinerbige Kites gepaart ergeben sie nur Kites, wobei die 1,0 allerdings wiederum spalterbig sind.

Sollte man einmal einen reinerbigen Almond-Täuber zur Zuchtreife bringen – wie es u. a. bei den Dänischen Braunstippern schon gelungen ist – so würden diese äußerlich weißen Täuber mit Kite-Täubinnen zu 100 % Almonds ergeben, darunter u. U. einige De Roy.

Bei der Zucht auf eine gute Almondfärbung sollte man sich auf die hier behandelten Farbenschläge beschränken. Das Experimentieren mit anderen Färbungen bringt keinen Gewinn und erhöht zumindest auf längere Sicht den Ausfall in der Nachzucht durch nicht standardgerechte Färbungen. Durch die Einkreuzung blauer Tiere z. B. zerstört man die Reinerbigkeit des Stammes im Hinblick auf die dunkle Hämmerung und den Kite-Faktor. Durch die Einpaarung rezessiv roter oder gelber Tiere, die anders als die Agates meistens den Faktor S besitzen, wird die Mandelfarbe unterdrückt und es fallen in der ersten und in den folgenden Generationen sprenkelähnliche Tiere. Es wird also der gleiche Effekt erreicht, als wenn mit schwarzen Tieren gekreuzt würde.

Allgemeine Grundsätze

Die obigen Beispiele haben gezeigt, daß man gute Almonds bei entsprechender Paarung mit Hilfe der Nebenfarben gewinnen kann. Bei einigen der besten Paarungen (5 und 6) ist sogar noch nicht einmal ein typischer Almond erforderlich. Um das Thema abzurunden, noch einige Hinweise allgemeiner Art für den Einsatz von Tieren in der Zucht, die nicht dem Bild des Ausstellungsalmond oder des typischen Kite entsprechen. Bei entsprechender Paarung sind diese nämlich genauso wertvoll oder sogar wertvoller als die höher herausgestellten Standardtiere:

- Almonds mit mangelnder Grundfarbe sollten an Agates oder an Kites mit guter Bronzefärbung gepaart werden.

- Kites mit relativ wenig Bronzefärbung lassen sich sinnvoll mit De Roys verpaaren. Statt der De Roys in der Nachzucht der Paarungen 5 und 6 werden zusätzlich Almonds fallen, statt der Agates zusätzlich Kites.

- Almonds mit zu vielen schwarzen Farbanteilen sollten an Partner gesetzt werden, die deutlich den Schimmelfaktor im Erbgut zeigen, also z. B. an relativ weißgescheckte Agates.

- Almonds mit geringen Schwarzanteilen sollten an Agates oder Kites gepaart werden, die keine oder kaum Weißanteile zeigen.

Weitere Erbfaktoren

Bei der Beurteilung der Färbung eines Almonds ist natürlich ein Vergleich innerhalb eines Altersjahrgangs vorzunehmen, da Almonds bekanntlich die Tendenz haben, von Jahr zu Jahr dunkler auszumausern. Schließlich sind auch die Täubinnen geschlechtsbezogen stets heller als die Täuber.

Bei Rassen, bei denen man die Almondfärbung der Englischen Kurzschnäbligen Tümmler kopieren möchte, sollte man konsequenterweise auch die bei dieser Rasse anerkannten Nebenfarben in den Standard aufnehmen. Die typische Almondfärbung ist ohne den regelmäßigen Anfall von Kites und Agates und ohne den Einsatz dieser Nebenfarben in der Zucht nicht denkbar. Das zeigt sich auch in der deutlich attraktiveren Almondfärbung der Englischen Kurzschnäbler im Vergleich zur Almondfärbung einiger anderer Rassen, bei denen entweder die typischen Kites fehlen oder bei denen die obigen Zuchtregeln nicht eingehalten werden.

Stipper und Sprenkel

Typische Graustipper (Dänische Tümmler) und Sprenkel (Orientalische Roller) besitzen neben der schwarzen Grundfarbe und dem Almond-Faktor noch den Ausbreitungsfaktor für Farbe S. Auch hier fallen die reinerbigen (weißen) Almond-Täuber i. d. R. wegen mangelnder Vitalität aus, so daß die Ausstellungs- und Zuchttäuber mischerbig für Almond sind: St +. Für die Weibchen gilt geschlechtsgebunden St •.

Abb. 51

Aufgrund dieser Erbstruktur sind die folgenden Ergebnisse in der Zucht zu erwarten, wobei das Wort „Graustipper" auch durch „Sprenkel" ersetzt werden kann:

17. 1,0 Graustipper × 0,1 Graustipper: 25 % sind für Almond reinerbig weiße Täuber, die nicht lebens- und zuchtfähig sind. 50 % sind Graustipper in beiden Geschlechtern und 25 % sind schwarze Täubinnen.

18. 1,0 Graustipper × 0,1 Schwarz: 50 % sind Graustipper in beiden Geschlechtern und 50 % sind schwarz in beiden Geschlechtern. Der Anteil von Graustippern ist also nicht geringer als bei Paarung 17.

Abb. 51. Orientalischer Roller, Schwarzsprenkel (Foto: Jungnickel)

Abb. 52. Texaner (1,1), kennfarbig (links: 1,0; rechts: 0,1)

19. 1,0 Schwarz × 0,1 Graustipper: 50 % sind Graustipper-Täuber, 50 % sind schwarze Weibchen. An der Färbung ist bei dieser Paarung also schon das Geschlecht zu erkennen. Auch hier ist der Anteil von Graustippern nicht geringer als bei Paarung 17 und 18.

20. 1,0 Schwarz × 0,1 Schwarz: Aus dieser Paarung werden nur schwarze Jungtiere fallen.

Kennfarbigkeit – „Faded"

An der gleichen Stelle im Erbgefüge, an der Almond angesiedelt ist, hat eine weitere Mutation mit Faded (St^F) stattgefunden. Faded (verblaßt) und Almond sind also Allele.

Wie bei Almond sind reinerbige $St^F St^F$-Täuber fast weiß mit einigen farbigen Abzeichen im Halsbereich. Anders als bei Almond gibt es aber keine Sehdefekte bei Reinerbigkeit. Täubinnen mit diesem Faktor ($\bullet St^F$), wegen der Geschlechtsgebundenheit in „einfacher Dosis", zeigen eine leichte Ausbleichung ihrer sonstigen Färbung, bei der meist vorhandenen bindigen Zeichnungsanlage also ein verwaschenes Blaubindig, Braunfahlbindig oder Rotfahlbindig. Aber auch entsprechende Tiere mit der gehämmerten Zeichnung kommen vor.

In Verbindung mit Rezessiv Rot in Reinerbigkeit bleibt die Kennfarbigkeit erhalten, die 1,0 zeigen eine helle gelbe Färbung und die Weibchen ein tiefes Rot.

Täuber und Täubinnen können hier also sofort an ihrer Gefiederfärbung erkannt werden: Täuber sind weiß bzw. gelb, Täubinnen andersfarbig. Aus diesem Grund wurde Faded die Basis für die Auto-Sex-Stämme (Kennfarbigkeit) bei Schlachttaubenfarmen in den USA. Einige Syrische Wammentauben sowie Texaner tragen dieses Gen. Auch von Thüringer Einfarbigen ist dieser Erbgang bekannt.

Ab. 52

Weitere Erbfaktoren

Abb. 53

Abb. 54

Abb. 55

Im Punnettschen Quadrat läßt sich der Zusammenhang wie folgt aufzeigen:

0,1 \ 1,0	•	St^F
St^F	St^F •	St^F St^F
St^F	St^F •	St^F St^F

Abgesehen vom Zusammenwirken mit Rezessiv Rot bringt ein reinerbiger „Faded" Täuber mit einer „Faded" Täubin weiße Jungtäuber (St^F St^F) und andersfarbige, leicht verwaschene Färbung zeigende Jungweibchen (• St^F) hervor. Bei rezessiv roten Tieren sind die Täuber immer gelb (e e; St^F St^F) und die Täubinnen immer rot (e e; St^F •).

Qualmond und Hickory

Jüngeren Datums ist ein weiteres Allel zu Almond, Qualmond, mit dem Symbol St^Q. Qualmond ist eine inzwischen bei Englischen Long Faced Tümmlern relativ gut verbreitete Mutation. Sie wurde von Joe Quinn entdeckt und lange Zeit als Quinn-Mutante bezeichnet. Farblich liegt der Faktor zwischen Almond und Faded und auch hier sind reinerbige Täuber fast weiß. Wenn man Qualmond auf der Basis blaubindiger Tiere züchtet, bei denen keine störenden Faktoren wie rezessives Rot in Mischerbigkeit oder Bronzetöne vorhanden sind, so erhalten die Tiere eine attraktive frostig-silbergraue Färbung mit mehr oder minder durchgefärbten Schwungfedern und dunkleren Flecken im übrigen Gefieder.

Mit Hickory (St^H), der Name eines Nußbaumes, wurde eine weitere Variante der Almondgruppe bezeichnet, die im Erscheinungsbild zwischen Almond und Qualmond liegt, bisher aber kaum verbreitet wurde.

53. Kennfarbige 0,1 (Faded) auf braungehämmerter Grundlage (Foto: Holland)

54. Thüringer Einfarbige (1,0)

55. Englischer Long Faced Tümmler, Qualmond (Foto: Sharp)

56. Englischer Long Faced Tümmler, Schwarzer Qualmond – Qualmond mit Ausbreitungsfaktor für Farbe; im Jugendgefieder an Hals, Brust und im Flügelschild heller (Foto: Sharp)

Schimmel

Der Schimmelfaktor bewirkt auf einer blaubindigen Grundlage eine frostige Aufhellung des Gefieders mit Ausnahme der Bindenzeichnung. Vererbt wird er dominant und nicht geschlechtsgebunden. Das genetische Symbol ist G als Hinweis auf die englische Bezeichnung „grizzle". Der Faktor ist bei Reisebrieftauben, Deutschen Schautauben, Dragoon und vielen anderen Rassen weit verbreitet. Die gezeichneten Federpartien wie Binden und eine Hämmerung werden durch den Schimmelfaktor kaum berührt. Gehämmerte Schimmelvarianten werden daher in der Regel nicht als so attraktiv angesehen wie Tiere mit der bindigen Zeichnungsanlage, bei der sich die Binden deutlich dunkler vom hell-frostigen Flügelschild abheben.

2 Weitere Erbfaktoren

Abb. 57

Abb. 58

Abb. 57. Wiener Tümmler, Hellgestorcht (reinerbiger Schimmel)
Abb. 58. Kölner Tümmler, Blauschimmel
Abb. 59. Lockentaube, Blauschimmel (Foto Jungnickel)
Abb. 60. Schöneberger Streifige, Rotstreifig
Abb. 61. Süddeutscher Tigermohr

Reinerbige Schimmel sind wesentlich heller als mischerbige Tiere und erscheinen im Zusammenhang mit anderen Erbfaktoren oft fast völlig weiß. Der typische Ausstellungsschimmel bei Rassen wie den Deutschen Schautauben und Dragoon ist deshalb bei schwarzer Grundfarbe und bindiger Zeichnung mischerbig für G. Als Zuchtregel empfiehlt es sich in diesen Fällen, Schimmel mit blaubindigen Tieren zu verpaaren, da aus solchen Paarungen nur die gewünschten Ausstellungstiere und Blaubindige fallen.

Der Schimmelfaktor spielt bei einer großen Anzahl von Farbenschlägen im Zusammenwirken mit anderen Erbfaktoren eine Rolle. Dieses Zusammenwirken mit anderen Erbfaktoren, die stark modifizierend auf das Erscheinungsbild einwirken, erschwert auch die Analyse, ob genetisch unterschiedliche Typen des Schimmelfaktors zu unterscheiden sind. So geht z. B. die Aufhellung bei der Schimmelfärbung der Lockentaube, bei der es sich um reinerbige Schimmel handelt, nicht so weit wie bei den oben genannten Rassen. Darauf wird später noch einzugehen sein.

Abb. 59

Durch Zuchtauswahl wurden einige Schimmelvarianten als besonders attraktive eigenständige Farbenschläge stabilisiert.

2 Weitere Erbfaktoren

Abb. 60

So sind die Farbenschläge Rot- und Gelbstreifig nichts anderes als rotfahle bzw. gelbfahle Tiere mit dem Schimmelfaktor in Reinerbigkeit. Die Gelbstreifer sind als verdünntfarbene Rotstreifer anzusprechen und lassen sich mit diesen nach den oben genannten Regeln über die Verdünntfarben verpaaren. Durch sorgfältige Zuchtauswahl ist bei diesen Farbenschlägen der Farbstoff bis auf die Bindenzeichnung fast völlig zurückgedrängt. Ebenso ist die gestorchte Variante als reinerbige Schimmelvariante anzusprechen, bei der der Farbstoff auf die Flügelspitzen und die Schwanzfedern zurückgedrängt wurde. Die Euligen sind ebenfalls eine Schimmelvariante und z. B. als typischer Farbenschlag bei den Berliner Kurzen bekannt.

Die Hämmerung hat die Tendenz, den Schimmelfaktor im Erscheinungsbild weitgehend zu überdecken. Insbesondere bei einer sehr dunklen Hämmerung (C^T) erscheinen dann oft nur noch einige schimmelige Federn im Kopfbereich, wie man sehr gut bei vielen Reisetaubenstämmen und auch bei Stadttauben beobachten kann. Wenn auch noch der Farbausbreitungsfaktor hinzukommt und das übrige Gefieder schwarz erscheinen läßt, so entstehen hier mitunter besonders attraktive Färbungen wie z. B. Muselköpfe.

Abb. 61

Auch die Weißschilder werden zu den Schimmelvarianten gezählt, wenn der vorhandene Schimmelfaktor auch nicht bei allen Rassen mit der typischen Schimmelfärbung identisch zu sein scheint. Umfangreichere Versuche mit roten Englischen Long Faced-Weißschildern zeigten, daß diese von der Erbsubstanz her dunkelgehämmerte Zeichnung bei schwarzem Pigment besaßen, reinerbig rezessiv Rot waren, den Schimmelfaktor in Reinerbigkeit besaßen, während der Ausbreitungsfaktor für Farbe (Spread) fehlte (Kvidera 1982). Dieser Schimmelfaktor ließ sich in Zuchtversuchen aber nicht auf andersfarbige Tiere übertragen bzw. zeigte dort keine Wirkung, zeigte sich also nur bei den rezessiv roten Tieren und entspricht damit nicht dem üblichen Schimmelfaktor. Untersuchungen bei anderen Rassen zeigten, daß rote und gelbe Weißschilder auch eine andere Erbstruktur haben können. So besaßen einige getestete rote und gelbe Wiener Weißschilder neben dem rezessiven Rot auch das dominante Rot im Erbgut, und schließlich wurde die Weißschildzeichnung bei

Weitere Erbfaktoren

diesen Tieren durch einen Schimmelfaktor hervorgerufen, der dem typischen Schimmelfaktor zumindest sehr ähnlich war. Die genetische Substanz der schwarzen Weißschilder scheint bei den getesteten Tieren eine andere zu sein als bei den roten und gelben. So führte eine Untersuchung bei schwarzen Wiener Weißschildern zu dem Ergebnis, daß diese neben dem Ausbreitungsfaktor für Farbe S und einem Schimmelfaktor in Reinerbigkeit noch mischerbig den Faktor Rezessiv Rot besaßen. Zusätzlich war noch eine besondere Form von Bronze vorhanden. Letzterer Faktor scheint zu bewirken, daß sich die Weißfärbung des Schildes gegen den Ausbreitungsfaktor durchsetzen kann (Hawkinson 1981). Mit der unterschiedlichen genetischen Substanz dürfte auch zusammenhängen, daß rote und gelbe Weißschilder im Nest i. d. R. einfarbig sind und erst nach der Mauser ihre typische Färbung bekommen, während schwarze Weißschilder schon im Nest die weißen Schilder zeigen.

Abb. 62

Die abweichende Erbstruktur macht auch deutlich, warum bei Paarungen von schwarzen Weißschildern mit den anderen beiden Farben die erhofften positiven Ergebnisse oft ausbleiben oder lange auf sich warten lassen. Rote und Gelbe lassen sich dagegen gut miteinander verpaaren, da letztere nur die Verdünntfarbe der roten Weißschilder darstellen. Gleiches gilt für die schwarzen und die dunfarbenen Weißschilder.

Die bisherigen Anmerkungen zeigen, daß es bei einer genaueren Analyse richtig wäre, den Schimmelfaktor in verschiedene Untergruppen aufzuteilen. So kann die Schimmelfärbung der Lockentauben als eine eigenständige Variante mit dem Symbol G^S (slight grizzle = leichte Schimmelung) betrachtet werden. Daneben wird auch die Tigerung (tiger grizzle) mit dem Symbol G^T als eigenständige Variante betrachtet. Hier werden die Jungtiere nach der ersten Mauser getigert (farbig bleiben vor allem der Schwanz und die Schwungfedern) oder stark weiß. Dabei werden die betroffenen Federn weiß und nicht schimmelig aufgehellt. Als „Undergrizzle" wird eine Erscheinung bezeichnet, die in Schwingen und Schwanz an den Federfahnen eine starke Aufhellung bewirkt, die sich oft nur deutlich zeigt, wenn man die betreffenden Federpartien auffächert. Dieser Schilf – besonders markant bei schwarzen Tauben zu sehen – wird rezessiv bzw. partiell dominant vererbt und dürfte genetisch kein Allel von G sein.

Abb. 63

Abb. 64

Beispiele

Für den typischen Ausstellungsschimmel mit dem Faktor G – etwa bei Deutschen Schautauben und Dragoon – kann man die folgenden Paarungshinweise festhalten:

1. Schimmel (mischerbig) × Blau mit Binden: 50 % der Jungtiere sind gutgefärbte (mischerbige) Schimmel, 50 % sind Blaue mit Binden.

2. Mischerbige Schimmel untereinander gepaart ergeben 50 % mischerbige Schimmel, 25 % Blaue mit Binden und 25 % reinerbige Schimmel, die bei diesen Rassen zu hell für die Ausstellung sind.

3. Schimmel (reinerbig) × Blau mit Binden: Aus diesen Paarungen wird man nur mischerbige Schimmel ziehen. Zur Erzeugung der Standardfärbung ist dieses damit die beste Paarung.

4. Reinerbige Schimmel an mischerbige Schimmel gepaart ergeben 50 % rein- und 50 % mischerbige Schimmel.

Grundsätzlich das gleiche gilt für die Zucht von Tigern. Empfehlenswert ist auch hier die Paarung von Ausstellungstigern mit Einfarbigen, woraus etwa 50 % Tiger und 50 % Einfarbige fallen. Aufgrund des starken Farbkontrasts gibt es Tiger vor allem im schwarzen Farbenschlag, aber auch rezessiv rote und gelbe Tiger sind bei einigen Rassen gut verbreitet. Blaue Tiger sind weit seltener. Mitunter wird bei diesen die sich teilweise abzeichnende schwarze Binde beanstandet, die sich nicht vermeiden läßt, wenn man als Kreuzungspartner Blaue mit Binden verwendet. Falls der Bindenansatz als zu störend empfunden wird, so muß man die Tigerzucht auf einem Stamm blauhohliger Tiere (c) aufbauen.

Pencilled

Der Erbfaktor Pencilled (pencilled = fein gezeichnet) bringt eine ähnliche Färbung wie der Schimmelfaktor hervor und ist für die Färbung der französischen Tête Noire de Brive (Schwarzköpfe aus Brive) verantwortlich. Die Köpfe sind bei dieser Färbung schwarz oder dunkel und der Rest des

Abb. 62. Wiener Weißschild, Rot
Abb. 63. Niederländer Hochflieger, Weißschild, Schwarz (Foto: Jungnickel)
Abb. 64. Pfautaube, Schwarzgetigert (Foto: Wolters)

Weitere Erbfaktoren

Abb. 67

Federkleides ist von der Grundfärbung her weiß, wobei jedoch jede Feder eine dunkle Säumung aufweist. In der Flügelpartie sehen diese Tauben der hellen Maserfärbung bei den Danziger Hochfliegern sehr ähnlich, bei diesen sind im Gegensatz zu den Tête Noire allerdings Kopf, Schwingen und Schwanz weiß.

Untersuchungen der Französin Mme Francqueville zeigten einen einfachen rezessiven Erbgang für pc auf: Die erste Generation von Tête Noire mit dem Wild-Typ zeigt keine Anzeichen von pc, Rückpaarungen dieser Generation an Tête Noire ergeben zur Hälfte Jungtiere mit der Färbung der Tête Noire. Es wird vermutet, daß dieser Faktor auch für die ähnliche Färbung der Berner Halbschnäbler, Tschechischen Bagdetten und Sächsischen Brüster verantwortlich ist (Hollander 1983), entsprechende Untersuchungen stehen aber noch aus. Auch die sog. getigerten Spaniertauben könnten zu dieser Gruppe gehören. Gleiches gilt für die sog. Weißbindigen dieser Rasse, die in Rot, Gelb und Schwarz vorhanden sind und anders als beim noch zu behandelnden Faktor Toy Stencil nur eine Art Strichelbinde zeigen. Ähnlich wie beim Faktor Dominant Opal werden auch die Schwingen und der Schwanz ausgebleicht. Der Unterschied in der genetischen Substanz der Bindigen und der Tiger liegt in der unterschiedlichen Zeichnungsanlage (bindig bzw. gehämmert), die wie bei Toy Stencil und Dominant Opal nur unvollständig durch den Ausbreitungsfaktor S überdeckt wird. Weißbindige in Rot und Gelb sind zusätzlich intensiv- bzw. verdünntfarbene rezessiv rote Tauben.

Abb. 65

Abb. 66

Abb. 65. Berner Halbschnäbler
Abb. 66. Sächsischer Brüster, Blau
Abb. 67. Briver Schwarzkopf

Abb. 68

Eisfarben

Eisfarben ist ebenfalls ein nicht geschlechtsgebundener partiell dominanter Faktor, der eine Aufhellung der blauen Färbung bewirkt. Er kommt u. a. bei Polnischen Hochfliegern, Eistauben, Damascenern, Italienischen Mövchen und Hamburger Sticken vor. Die reine Eisfarbe setzt Reinerbigkeit voraus. In Verbindung mit dem Verdünnungsfaktor d entsteht „Perlblau".

Das Verhältnis der verdünntfarbenen Perlblauen zu den intensivfarbenen Eisfarbenen entspricht den allgemeinen Grundsätzen über die Verdünntfarben, so daß die dort angeführten Paarungsbeispiele unmittelbar auf diese Farbenschläge übertragen werden können.

Eisfarben kann auch auf die gezeichneten Farbenschläge bei brauner und brieftaubenroter Grundfarbe übertragen werden und ruft auch dort deutliche Farbaufhellung hervor, wenn die Färbung auch meist nicht so attraktiv wie bei schwarzer Grundfarbe mit Bindenzeichnung oder mit einer nicht zu schweren Hämmerung wirkt. Ein Beispiel sind die als perlfarbig bezeichneten Polnischen Langschnäbligen Tümmler, die genetisch Braunfahle mit dem Eis-Faktor (Ic) sind.

Abb. 69 *Abb. 70*

Abb. 68. Extreme Schilffärbung durch Zusammenwirken von Pencilled und Strasserschekung (Foto: Hollander)

Abb. 69. Damascener, Eisfarbig mit Binden

Abb. 70. Dänischer Tümmler, Perlblau mit Binden

Beispiele

1. 1,0 reinerbig Eisfarbig × 0,1 Perlfarbig: Es fallen nur eisfarbige Jungtiere, wobei die Jungtäuber aber mischerbig sind, d. h. spalterbig für Perlfarbigkeit.

2. 1,0 Perlfarbig × Eisfarbig: Es fallen nur mischerbige eisfarbige Jungtäuber und perlfarbige Jungweibchen.

3. 1,0 mischerbig Eisfarbig × 0,1 Eisfarbig: Alle Jungtäuber sind eisfarbig, die Hälfte davon mischerbig. Die Jungweibchen sind zur Hälfte eisfarbig und zur Hälfte perlfarbig.

4. 1,0 mischerbig Eisfarbig × 0,1 Perlfarbig: Sowohl bei den Jungtäubern als auch bei den Jungweibchen fallen je zur Hälfte perlfarbige und eisfarbige Tiere, wobei die Täuber alle mischerbig sind.

Abb. 71

Milky

Milky wird ebenfalls nicht geschlechtsgebunden vererbt und hat bei Reinerbigkeit eine Aufhellung des Gefieders zur Folge. Typisches Milky findet man bei den Pfautauben mit den sog. Silberpuder (powdered silver) im blau-bindigen Farbenschlag: Die Grundfarbe dieser Tiere ist schwarz, die Zeichnung bindig, und zusätzlich ist my my vorhanden.

Bei schwarzer Grundfarbe entsteht durch Milky in Verbindung mit dem Ausbreitungsfaktor für Farbe das Silber mit dunklen Federkielen bei den Lahore: Bei schwarzer Grundfarbe besitzen sie my my und S S oder S +.

Abb. 72

Beispiele

1. Wenn eine silberne Lahore mit einer schwarzen Lahore ohne den Milky-Faktor gepaart wird, von denen beide für den Ausbreitungsfaktor reinerbig sind, so ist die Nachzucht zu 100 % schwarz. Diese Nachzucht untereinander gepaart ergibt 25 % silberfarbene Nachzucht, die aber in der Färbung oft sehr wolkig ist.

Abb. 71. Polnische Langschnäblige Tümmler, geelstert, Perlfarbig mit deutlich sichtbarer, brauner Schwanzbinde; einfarbige und weißschwingige Perlfarbige zeigen Binden bzw. Hämmerung von gleicher Farbe

Abb. 72. Pfautaube, Silberpuder (Milky)

Abb. 73. Lahore, Silber

Weitere Erbfaktoren

Ebenso kann man bei der Zucht der „Silberpuder" Anleihen bei den Blaubindigen nehmen.

2. Silberpuder ergeben mit reinerbigen Blaubindigen in der ersten Generation nur Blaubindige, die allerdings alle mischerbig für Milky sind. An Silberpuder zurückgepaart ergeben diese dann schon 50 % Silberpuder und 50 % mischerbige Blaubindige. Untereinander gepaart ergeben die mischerbigen Blaubindigen 25 % Silberpuder.

Für die Zucht von Bedeutung ist, daß Milky-Silber, im Gegensatz zur mitunter auch silber genannten Verdünntfarbe Blaufahl, nicht geschlechtsgebunden vererbt wird. Milky kann nun allerdings auch in Verbindung mit der brieftaubenroten Grundfarbe auftreten. Wie oben ausgeführt wurde, bewirkt diese in Verbindung mit dem Ausbreitungsfaktor für Farbe schon allein eine ähnliche Färbung. Diese Ähnlichkeit wird verstärkt, wenn zusätzlich my in Reinerbigkeit vorhanden ist. Solche silbergrauen Tiere zeigen bei Paarungen mit schwarzen Tieren natürlich einen geschlechtsgebundenen Erbgang. Dieses ist dann aber nicht auf den Faktor Milky zurückzuführen, sondern auf die geschlechtsgebundene Vererbung von B^A.

Silber auf brieftaubenroter Basis ergeben mit schwarzen Partnern die folgenden Ergebnisse, wobei davon ausgegangen wird, daß der schwarze Partner den Milky-Faktor nicht besitzt:

3. 1,0 Silber ($B^A B^A$, my my) × 0,1 Schwarz (ohne Milky): Alle Jungtiere sind einfarbig Fahl und mischerbig für Milky, die Jungtäuber obendrein mischerbig für schwarze Grundfarbe.

4. 1,0 Schwarz (ohne Milky) × 0,1 Silber (• B^A, my my): Alle Jungweibchen sind schwarz und mischerbig für Milky, alle Jungtäuber sind einfarbig Fahl und mischerbig für schwarze Grundfarbe und für Milky.

Falls der schwarze Partner mischerbig für Milky ist, so wird die Hälfte der angegebenen schwarzen Jungtiere statt Schwarz das typische Lahore-Silber zeigen, von den oben angegebenen einfarbig Fahlen wird die Hälfte Silber auf brieftaubenroter Grundfarbe erscheinen.

Bei einigen Rassen dürften sich unter der Bezeichnung Silber sowohl einfarbig Fahle als auch Silber auf der Basis brieftaubenroter Grundfarbe und Silber auf der Basis schwarzer Grundfarbe verbergen.

Weitere Erbfaktoren

Indigo

Indigo mit dem Symbol In wurde 1938 in der berühmten amerikanischen Palmetto-Taubenfarm bei Kreuzungen zwischen Carneau-Tauben und blauen Brieftauben entdeckt. Die Erbanalyse dieses interessanten Faktors verdanken wir W. F. Hollander.

Dieser Erbfaktor scheint relativ häufig bei deutschen Brieftauben vorzukommen. Er ist ein dominanter, nicht geschlechtsgebundener Faktor. Während Indigo bei brieftaubenroten und braunen Farbenschlägen keine deutliche Veränderung der Färbung hervorruft, sind die Veränderungen bei schwarzer Grundfarbe zum Teil sehr kraß. Reinerbige Indigo sind wesentlich heller gefärbt als mischerbige, die attraktiver in der Färbung erscheinen.

Am bekanntesten ist das sogenannte Andalusierblau, das auftritt, wenn der Faktor Indigo in den schwarzen Farbenschlag hineingetragen wird. Andalusierblau ist also bei schwarzer Grundfarbe durch In +; S S oder S + gekennzeichnet. Beispiele für dieses Andalusierblau bei Tauben – das seinen Namen nach der Ähnlichkeit mit dem gleich erscheinenden Blau bei Hühnern erhalten hat – sind bei Englischen Long Faced Tümmlern und Englischen Modena auf Schauen der letzten Jahre gezeigt worden. Kopf

Abb. 74

Abb. 75

Abb. 74. Pommersche Schaukappe, Anda sierblau, mischerbig (Foto: Jungnickel)

Abb. 75. Pommersche Schaukappe, Anda sierblau, reinerbig (Foto: Jungnickel)

Abb. 76. Pommersche Schaukappe, Ind mit Binden, mischerbig (Foto: Jungnickel

Abb. 77. Brieftaube, Indigo mit Binden, re erbig

Abb. 78. Brieftaube, Indigogehämmert, mischerbig

Abb. 76

und Hals dieser Tiere sind oft etwas dunkler als das Flügelschild, und das Flügelschild weist mitunter leichte Säumung auf. Die Färbung soll nach den Erfahrungen amerikanischer Züchter reiner werden, wenn man andalusierblaue mit blau-bindigen Tieren erzüchtet, was einem in der Nachzucht dann allerdings auch weitere Farbenschläge beschert. Dieses kann umgangen werden, wenn man einen Stamm schwarzer Tauben besitzt, der – verdeckt durch den Faktor S – die Zeichnungsanlage für Binden besitzt. Mitunter sind solche Tiere bei schwach gefärbten Schwarzen daran zu erkennen, daß die Binden intensiver gefärbt „durchschimmern", sich also auch bei schwarzer Färbung abzeichnen. Reinerbige „Andalusierblaue" sind meist hellgrau, der Kopfbereich dunkler.

Weitere Erbfaktoren

Noch weniger bekannt als das Andalusierblau sind die anderen Varianten, von denen zumindest Bindige und Gehämmerte bei deutschen Reisetauben vorkommen. Bei einer blauen Grundfärbung erscheinen in diesen Farbenschlägen rötliche oder bronzefarbene Binden bzw. Hämmerung und die schwarze Schwanzbinde, die bei dem normalen Taubenblau auftritt, ist ausgebleicht. Sie setzt mitunter sogar deutlich etwas heller ab. Auch die Schwingenfarbe ist mehr der Färbung des Flügelschildes angepaßt.

Abb. 77

Abb. 78

2 Weitere Erbfaktoren

Mitunter sehen solche Tiere dem rezessiv opalen Farbenschlag, der im nächsten Abschnitt behandelt wird, zum Verwechseln ähnlich. Die Unterscheidung läßt sich durch Testkreuzungen aber leicht durchführen, da der Erbgang ja ein ganz anderer ist. Verwechselungen reinerbig bindiger oder gehämmerter Indigo sind sehr leicht auch mit Rotfahlen oder Rotfahlgehämmerten möglich. Diese reinerbigen Indigo zeigen im Unterschied zu Rotfahlen bzw. Rotfahlgehämmerten oft einige bläuliche Abzeichen im Flügelschild. In der Flugleistung erwiesen sich einige vom Verfasser getestete Brieftauben mit dem Faktor Indigo als überraschend leistungsstark.

Indigo wurde auch schon mit anderen Erbfaktoren kombiniert. Rezessiv Rot und Rezessiv Gelb werden durch das Hinzufügen des Indigofaktors in Reinerbigkeit intensiviert. Einfarbig Fahle werden bei Reinerbigkeit für Indigo der silbergrauen Färbung der silbernen (Spread Milky) Lahore noch ähnlicher, während sich der Faktor bei den gezeichneten Farbenschlägen des Dominant Rot kaum bemerkbar macht. Gleiches gilt für die braunen gezeichneten Farbenschläge, während die einfarbigen Braunen ins schmutzig Aschfarbene verändert werden. In Verbindung mit dem noch zu besprechenden Erbfakor Toy Stencil sollen sehr attraktive Varianten mit einer sehr hellen Schuppung entstehen, in Verbindung mit Reduced bringen Indigo mit Ausbreitungsfaktor eine fast weiße Färbung hervor (Gibson 3 : 3, Quinn 1971).

Beispiele

Die häufigsten Paarungen dürften zwischen Andalusierblauen (mischerbige Indigo mit Ausbreitungsfaktor) und Schwarzen stattfinden. Die ebenfalls attraktiven Indigo mit Binden lassen sich am besten mit Blauen paaren. Allgemein gilt:

1. Mischerbig Indigo (Andalusierblau bzw. Indigoblau mit Binden) × Schwarz bzw. Blau: 50 % der Nachzucht ist Andalusierblau bzw. Indigoblau mit Binden, 50 % besteht aus Schwarzen bzw. Blauen.

2. Mischerbig Indigo × Mischerbig Indigo: 25 % sind reinerbige Indigo (ein helles Grau bei Tieren mit Ausbreitungsfaktor bzw. rotfahlähnlich bei der bindigen Variante), 50 % sind mischerbig Indigo und 25 % sind Schwarz bzw. Blau.

3. Mischerbig Indigo × reinerbig Indigo: 50 % der Nachzucht ist reinerbig Indigo, die andere Hälfte ist mischerbig Indigo.

4. Reinerbig Indigo × Schwarz bzw. Blau: Alle Jungtiere sind mischerbig Indigo, also Andalusierblau oder bei der bindigen Variante Indigoblau mit Binden.

Die mischerbigen Pommerschen Schaukappen (siehe Abbildung 76) Indigoblau mit Binden und Andalusierblau brachten gemeinsam in zwei Zuchtperioden die folgenden Färbungen: 1. Schwarz, 2. Blau, 3. Silbergrau, 4. Andalusierblau, 5. Rotfahlähnlich, 6. Indigoblau mit Binden. Wie ist das mit den Vererbungsgrundsätzen in Übereinstimmung zu bringen?

Aus den vorstehenden Ausführungen dürfte klar sein, daß es sich bei den Silbergrauen um reinerbige Andalusierblaue und bei den Rotfahlähnlichen um reinerbige Indigo mit Binden handelt.

Im Hinblick auf den Indigo-Faktor wurde mit der Paarung offenbar folgendes vorgenommen:

0,1 / 1,0	In	+
In	In In	In +
+	+ In	+ +

50 % der Jungtiere sind mischerbig Indigo, 25 % reinerbig Indigo und 25 % besitzen kein Indigo.

Weitere Erbfaktoren

Im Hinblick auf den Ausbreitungsfaktor S besaß das andalusierblaue Weibchen den Faktor offenbar nur einfach, war also mischerbig:

Abb. 79. Brieftaube, Rezessiv Opal, Gehämmert, mit Scheckfaktor

0,1 \ 1,0	S	+
+	+ S	+ +
+	+ S	+ +

50 % der Jungtiere sind mischerbig für S, die anderen besitzen den Faktor nicht.

Die Zusammenfassung dieser Analyseebenen bringt folgendes: 50 % der Jungtiere sind mischerbig Indigo, und davon die Hälfte ist mischerbig für den Ausbreitungsfaktor. Insgesamt sind also 25 % Andalusierblaue zu erwarten. Die anderen mischerbigen Indigo, die kein S besitzen, sind Indigoblau mit Binden, insgesamt sind hier ebenfalls 25 % zu erwarten. 25 % sind reinerbig Indigo. Die Hälfte davon besitzt den Faktor S und ist damit silbergrau, die andere Hälfte besitzt den Faktor nicht und ist damit rotfahlähnlich. Insgesamt sind für jede dieser Gruppen 12,5 % zu erwarten. 25 % besitzen den Faktor Indigo nicht. Die Hälfte davon hat im Erbgut den Faktor S und ist damit schwarz, die andere Hälfte besitzt ihn nicht und ist damit blau mit Binden. Jeder dieser Farbenschläge ist bei einer großen Zahl an Nachkommen mit 12,5 % vertreten.

Aufgrund der Erbanalysen ist man über die Erbstruktur jedes einzelnen Jungtieres im Hinblick auf die hier besprochenen Faktoren informiert.

Die andalusierblaue Täubin des Ausgangspaares hatte verdeckt durch S offenbar die bindige Zeichnung. Hätte sie die Anlage für Hämmerung mischerbig besessen, so wären auch rein- und mischerbige Indigogehämmerte (bezogen auf den Indigo-Faktor) und Blaugehämmerte gefallen, insgesamt also neun verschiedene Färbungen.

Abb. 79

Rezessiv Opal

Rezessiv Opal mit dem Symbol o kommt relativ häufig bei Brieftauben vor und wird rezessiv und nicht geschlechtsgebunden vererbt. Die Auswirkung auf das Erscheinungsbild variiert relativ stark, z. T. zeigt sich nur eine leichte Ausbleichung der normalen Färbung, in der Regel kommt es zu zarten Säumungen der Schwungfedern und zu rötlichen Binden bzw. Hämmerungen auf dem Flügelschild und zu einem Ausbleichen der Schwanzbinde. Die Zeichnung ist zarter als bei rotfahlen oder rotfahlgehämmerten Tieren und geht mitunter ins Rosafarbene. Mit diesen Auswirkungen auf die Färbung kann sich Rezessiv Opal nur bei einer schwarzen Grundfarbe deutlich zeigen. Bei Brieftauben, bei denen dieser Faktor relativ häufig vorkommt, werden opalfarbene bindige und gehämmerte Tiere oft „Mosaik" genannt, eine Bezeichnung, die später in einem anderen Zusammenhang verwendet wird.

Erst in den letzten Jahren wurde festgestellt, daß reinerbige Opal in Verbindung mit dem Ausbreitungsfaktor für Farbe eine sehr attraktive, durchgehend silbergraue Färbung besitzen. Die Erzüchtung dieses Farbenschlages ist bei Brieftauben sehr einfach, wenn ein opalgehämmertes oder -bindiges Tier vorhanden ist. Man paart dazu ein solches Tier an einen schwarzen Partner, ein dunkles (dunkelgehämmertes) Tier ist dazu nicht geeignet! Die aus dieser Paarung fallenden schwarzen Jungtiere werden an ein opalgehämmertes oder -bindiges Tier zurückgepaart. Daraus können schon einige silbergraue Tiere fallen, die die Erbformel o o; S + besitzen. Der Anteil wird allerdings geringer als ein Viertel sein, da der Ausbreitungsfaktor S und Rezessiv Opal nicht unabhängig voneinander vererbt werden. Auf dieses Problem der Koppelung von Faktoren im Erbgang wird weiter hinten ausführlicher eingegangen.

Bei den silbergrauen Rezessiv Opal sind die Täuber etwas heller gefärbt als die Weibchen, eine Erscheinung, die man auch beim Wild-Typ, dem blauen Farbenschlag mitunter feststellen kann.

Weitere Erbfaktoren

Platin

Die unterschiedliche Färbung von Täubern und Täubinnen, ein Geschlechtsdimorphismus, ist noch ausgeprägter bei den platinfarbenen Pommerschen Schaukappen. Bei einem geschlechtsgebundenen Erbgang war diese Erscheinung schon lange bekannt (Texaner, Thüringer Einfarbige), bei nicht geschlechtsgebundenen Erbgängen wie bei Platin stellt sie eine Besonderheit dar, die hormonale Ursachen haben dürfte. Platin ist rezessiv gegenüber dem Wild-Typ. Die platinfarbenen Schaukappen, die bei schwarzer Grundfarbe noch den Smoky-Faktor und den Ausbreitungsfaktor besitzen, sind im Nestgefieder pfeffergrau, bei den Jungtäubern sind die Binden mitunter dunkler abgesetzt. Die Täuber sind schon zu diesem Zeitpunkt heller als die Weibchen. Nach der Mauser wird der Unterschied noch größer, denn die Täuber mausern zu einem hellen Platin aus, während die Weibchen dunkler und oft unregelmäßig gefärbt sind. Meist erscheint das Halsgefieder etwas kupfrig. Die bei einigen Jungtäubern im Jugendgefieder durchschimmernde dunklere Bindenzeichnung mausert ebenfalls platinfarben aus. Sie erscheint nach der Mauser mitunter sogar heller als das übrige Gefieder, eine Erscheinung, die auch

Abb. 80

Abb. 80. Pommersche Schaukappen (1, Platin, Geschlechtsdimorphismus

Abb. 81. Pommersche Schaukappe (1,0), P tin (Foto: Jungnickel)

Abb. 82. Pommersche Schaukappe (0,1), P tin (Foto: Jungnickel)

Abb. 83. Pommersche Schaukappe (1,0), P tin mit Binden (Foto: Jungnickel)

bei den Weibchen mitunter zu beobachten ist. Solche Tiere erscheinen als platinfarben mit weißlichen Binden. Ein auffallender Unterschied zwischen Täubern und Täubinnen schon im Jugendgefieder ist die Färbung der Schwungfedern 1. und 2. Ordnung. Diese erscheinen bei den Täubern geschimmelt, z. T. fast in der Form einer leichten Sperberung. Bei den Täubinnen sind dagegen i. d. R. nur die Innenfahnen der Schwungfedern 1. Ordnung aufgehellt. Daran lassen sich die dunkler als normal gefärbten Jungtäuber im Nestgefieder leicht von den Täubinnen unterscheiden.

Anders als bei den ähnlich erscheinenden silbergrauen „Reduced" ist für die attraktive Platinfärbung nicht die dunkle Hämmerung als Zeichnungsanlage erforderlich. Die in der Regel weitgehend überdeckte Zeichnungsanlage für Binden zeigt sich – wie oben diskutiert – mitunter in einem helleren Farbton in der Bindengegend.

Aufgrund des rezessiven und nicht geschlechtsgebundenen Erbgangs lassen sich platinfarbene Tauben mit schwarzen paaren. Die erste Generation mit reinerbig Schwarzen wird schwarz sein, Rückpaarungen dieser Tiere an Platin ergeben aber schon wieder zur Hälfte platinfarbene Nachzucht. Schwarze, die mischerbig für Platin sind, kann man oft an vereinzelt auftretenden platinfarbenen Federn erkennen. Diese treten insbesondere im Bauchgefieder und an den Schenkeln auf.

Abb. 81

Abb. 82

Abb. 83

Weitere Erbfaktoren

Auch die bindige Variante mit dem Platinfaktor (also ohne Ausbreitungsfaktor) sieht mit kupfrigen Binden und kupfrigem Halsgefieder sehr attraktiv aus. Die Schwanzbinde ist ähnlich wie bei den bindigen Indigo ausgebleicht. Auch bei der bindigen Variante zeigen die Täuber in den Schwungfedern 1. und 2. Ordnung im Gegensatz zu den Täubinnen eine stark schimmelige Färbung. Generell ist der Farbkontrast zwischen den Geschlechtern nicht so kraß. Als Paarungspartner bieten sich für die bindige Variante neben den einfarbigen Platin blaubindige Tiere an. Die gehämmerte Variante erscheint im Flügelschild wie ein duffes Rotfahlgehämmert. Bei brieftaubenroter Grundfarbe scheint sich der Faktor nicht deutlich zeigen zu können, da diese Farbenschläge schon selbst eine starke Färbungsaufhellung besitzen.

Abb. 84

Bronze

Vorbemerkungen

Mit Indigo und Reduced wurden bereits Erbfaktoren angesprochen, die bei den gezeichneten Farbenschlägen eine bronzeähnliche Färbung hervorrufen. Daneben gibt es eine ganze Gruppe weiterer Erbfaktoren, die hier unter der gemeinsamen Bezeichnung „Bronze" zusammengefaßt werden. Die Analyse der Bronzefärbungen und der Differenzierungen innerhalb dieser Gruppe ist noch keineswegs abgeschlossen und wird noch viel züchterischen Einsatz erfordern, da verschiedene Bronzetypen z. T. gemeinsam auftreten und eine klare Trennung nach dem Erscheinungsbild oft nicht möglich ist. Hilfestellung für eine Unterscheidung einzelner Typen kann die Tatsache sein, daß sie zum Teil sehr unterschiedlich einzelne Federfluren beeinflussen. So verändern einige vor allem die Färbung des Rumpfgefieders, einige die durch die Zeichnungsanlagen vorgegebenen Muster, also z. B. die Bindenfärbung oder die Hämmerungsmuster, einer die Flügel- und Schwanzspitzen. Die Behandlung dieser unterschiedlichen Typen unter einem Oberpunkt „Bronze" bedeutet nicht, daß es sich um Allele handelt.

Abb. 84. Pommersche Schaukappe (1,0), Platingehämmert

Quinn (1971) unterscheidet acht Typen:

1. Kite (K), die Färbung des gleichnamigen Farbenschlages der Englischen Kurzschnäbler

2. Modena-Bronze, wozu neben dem Bronze der Modena auch die Bronzefärbung der sogenannten rotgeschuppten und rotbindigen Cauchois zu zählen ist. Dieser Faktor wird mitunter auch Bronze-Stencil oder Mahagoni (Symbol ma) genannt

3. Gimpeltauben-Bronze, das auch in verdünnter Form bei den Nürnberger Lerchen vorhanden ist

4. Roller-Bronze

5. Brander-Bronze der Dänischen Brander, Berliner Kupfrigen und anderen Rassen

6. Tippler-Bronze der Flugtippler und Schaurollertauben

7. Toy Stencil-Bronze einiger deutscher Farbentauben, der Luchstaube und anderer Rassen

8. Libanon-Bronze der roten und gelben spiegelschwänzigen Libanontaube und der Rshewer Sternschwanztümmler und wohl damit identisch anderer russischer Rassen mit dieser Färbung.

2 Weitere Erbfaktoren

Toy Stencil erzeugt nur bei Mischerbigkeit einen deutlichen Bronzeton, so daß dieser Typ in einem anderen Abschnitt behandelt wird. Die Bronzefärbung kommt vor allem bei den gezeichneten Farbenschlägen der schwarzen Grundfarbe, also blau, blaugehämmert und dunkel deutlicher zum Ausdruck.

Modena-Bronze

Modena-Bronze beeinflußt vor allem die gezeichneten Partien auf dem Flügelschild, also die Binden oder die Hämmerung. Reinerbige Modena-Bronze an Tiere ohne diesen Faktor gepaart ergeben eine wesentlich schwächere Bronzefärbung und auch die Ergebnisse von Paarungen dieser Nachzucht untereinander sind weit von dem geforderten Viertel mit deutlicher Bronzefärbung entfernt, das man erwarten könnte, wenn die Färbung nur durch einen einzigen Faktor bestimmt wird. Modena-Bronze findet man meist bei den Farbenschlägen mit schwarzer Grundfarbe, seltener bei brauner Grundfarbe. Brieftaubenrot läßt den Faktor nicht zur Geltung kommen und auch der Ausbreitungsfaktor S überdeckt Modena-Bronze. Die Verdünntfarben sind statt Bronze Sulfur gefärbt, bei den Cauchois Gelbgeschuppt bzw. Gelbbindig genannt. Bei den Modena erhält man durch den Verdünnungsfaktor statt Blau mit Bronzebinden Blaufahl mit Sulfurbinden, aus Braunfahl mit Bronzebinden wird Khakifahl mit Sulfurbinden usw..

Abb. 85

Für die Vererbung dieser Sulfur gegenüber der Intensivfarbe Bronze gelten die allgemeinen Regeln über die Verdünntfarben, so daß die dort aufgeführten Beispiele unmittelbar übertragen werden können. Auch das Verhältnis der Bindigen zu den Gehämmerten und den Dunkelgehämmerten entspricht den bei der Diskussion der Zeichnungen genannten Gesetzmäßigkeiten. Die gehämmerte Variante wird in Verbindung mit Bronze bei einigen Rassen allerdings geschuppt genannt, die dunkelgehämmerte Variante läuft unter der Bezeichnung Bronzeschildig, einige Varianten bezeichnet man auch als Gesäumt.

Abb. 86

Die oben diskutierten unterschiedlichen Formen der Hämmerung zeigen sich also auch in Verbindung mit Bronze und geben auch hier Anlaß, weitere Differenzierungen der Farbenschläge vorzunehmen.

Bezieht man die hohlige Variante bei schwarzer Grundfarbe mit ein, da diese bei den Englischen Modena i. d. R. auch den Bronzefaktor – wenn auch nicht sichtbar – besitzt, so ergibt sich bei dieser Rasse die in Abbildung 88 aufgelistete Unterscheidung der gezeigten Farbenschläge:

Abb. 87

Abb. 88

Grund-farbe	Zeichnung	Intensivfarbenschlag	Verdünntfarbenschlag
Schwarz	Hohlig	Blau ohne Binden	Blaufahl ohne Binden
	Bindig	Blau mit Bronzebinden	Blaufahl mit Sulfurbinden
	Gehämmert	Blau Bronzegehämmert	Blaufahl Sulfurgehämmert
	Dunkelgeh.	Blau Bronzeschildig gesäumt	Blaufahl Sulfurschildig gesäumt
	Dunkelgeh.	Blau Bronzeschildig ungesäumt	Blaufahl Sulfurschildig ungesäumt
	Dunkelgeh.	Dunkel Bronzeschildig gehämmert	Ocker Sulfurschildig gehämmert
	Dunkelgeh.	Dunkel Bronzeschildig gesäumt	Ocker Sulfurschildig gesäumt
	Dunkelgeh.	Dunkel Bronzeschildig ungesäumt	Ocker Sulfurschildig ungesäumt
Braun	Bindig	Braunfahl mit Bronzebinden	Khakifahl mit Sulfurbinden
	Gehämmert	Braunfahl Bronzegehämmert	Khakifahl Sulfurgehämmert
	Dunkelgeh.	Braun Bronzeschildig gehämmert	Khaki Sulfurschildig gehämmert
	Dunkelgeh.	Braun Bronzeschildig gesäumt	Khaki Sulfurschildig gesäumt
	Dunkelgeh.	Braun Bronzeschildig ungesäumt	Khaki Sulfurschildig ungesäumt

2

Weitere Erbfaktoren

Abb. 85. Englischer Modena, Gazzi, Blau-bronzegehämmert

Abb. 86. Englischer Modena, Braunfahl mit Bronzebinden

Abb. 87. Englischer Modena, Khakifahl mit Sulfurbinden

Abb. 88. Farbenschläge mit Bronzefaktor bei Englischen Modena (Schietti und Gazzi)

Bei den Varianten mit dunkler Hämmerung nimmt die Hämmerungsintensität von Gehämmert über Gesäumt zu Ungesäumt zu. Ungesäumte zeigen reingefärbte Flügelschilder. Gesäumte zeigen auf jeder Feder noch einen feinen Saum in der Grundfarbe, bei den Gehämmerten bleibt die Federspitze mehr oder weniger vom Bronzeton unberührt, so daß sich hier die

2 Weitere Erbfaktoren

Abb. 89

Abb. 90

Abb. 91

Körpergrundfarbe zeigen kann. Die als „Blau" bzw. „Dunkel" bezeichneten Farbenschläge unterscheiden sich in der schwärzlicheren Grundfarbe der Dunklen. Man kann die „Blauen" auch als eine in der Grundfarbe hellere Variante der Dunklen auffassen. Bei einigen dieser Varianten mit dunkler Hämmerung handelt es sich um Tiere, die in ihrer Zeichnungsanlage mischerbig für eine andere Zeichnung sind.

Wie oben bereits gesagt, kommt der Bronzefaktor bei brieftaubenroten Farbenschlägen nicht zum Ausdruck, er wird überdeckt. Diese Tiere besitzen bei den Modena aufgrund häufiger Kreuzungen mit den anderen bronzefarbenen Farbenschlägen diesen Erbfaktor im allgemeinen dennoch im Erbgut, was sich aber erst bei Paarungen mit anderen Farbenschlägen zeigen kann. Die sog. Pfirsichblütenfarbenen Cauchois haben neben dem Bronzefaktor noch die Erbanlage Toy Stencil und sind aus Bronzegeschuppten (Rotgeschuppte in der Bezeichnung des Standards) und Weißgeschuppten („Hyazinthfarbig" laut Standard) erzüchtet worden.

Bei allen genannten Farbenschlägen der Bronzevarianten kann der Schimmelfaktor hinzutreten und weitere Modifizierungen bewirken. Für die Paarung der genannten Farbenschläge untereinander gelten die oben für die Vererbung der Zeichnung, der Grundfarbe und des Verdünnungsfaktors aufgezeigten Gesetzmäßigkeiten.

Abb. 92

Abb. 93 *Abb. 94* *Abb. 95*

  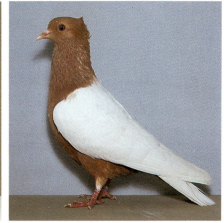

Gimpeltauben-Bronze

Gimpeltaubenbronze beeinflußt im wesentlichen die blauen Federpartien des Rumpfes und nicht das Flügelschild. Paarungen mit dem Wild-Typ ergeben Nachzucht mit etwas Bronzeanflug in den ansonsten blauen Federpartien. Die bei Kupfergimpeln vorhandenen schwarzen Flügel sind trotz des intensiven Farbtons nicht auf den Ausbreitungsfaktor für Farbe zurückzuführen. Es handelt sich um dunkelgehämmerte Zeichnung mit zusätzlichen die Färbung intensivierenden Erbfaktoren. Dazu gehört in einigen Fällen Rezessiv Rot in Mischerbigkeit, was sich in dem gelegentlichen Anfall einfarbig roter oder einfarbig goldener Tiere (letztere bei den durch „Pale" verdünntfarbenen Goldgimpeln) zeigt. Die weißflügeligen Gimpel sind nach Hollander genetisch Brieftaubenrote mit bindiger oder hohliger Zeichnung, zusätzlich besitzen sie das Gimpeltaubenbronze und Libanonbronze in Reinerbigkeit.

Abb. 89. Englischer Modena, Dunkel Bronzeschildig-Gesäumt
Abb. 90. Englischer Modena, Dunkel Bronzeschildig-Ungesäumt
Abb. 91. Couchois, Rotgeschuppt (Blau Bronzegehämmert)
Abb. 92. Cauchois, Gelbgeschuppt (Blaufahl Gurgehämmert)
Abb. 93. Cauchois, Pfirsichblütenfarbig, Geschuppt
Abb. 94. Kupfergimpel, Schwarzflügel
Abb. 95. Goldgimpel, Weißflügel

2 Weitere Erbfaktoren

Abb. 96

Abb. 97

Abb. 96. Berliner Kurze, Kupfrig
Abb. 97. Szegediner Tümmler, Bunthalsig, Rot (Bronze)

Brander-Bronze

Brander-Bronze wirkt stark auf das Rumpfgefieder und die Flügelpartien ein, unterscheidet sich in der genauen Ausprägung aber bei einzelnen Rassen, was auf unterschiedliche modifizierende Erbfaktoren zurückgeführt werden kann. Die Dänischen Brander sind z. B. fast einfarbig Bronze mit schwarzer Schwanzbinde und schwarzen Spiegeln auf den Handschwingen, bei denen die Außenschwingen aber Bronzefarben bleiben. Bei den Berliner Kupfrigen dagegen sind die Außenfahnen der Handschwingen, die Fußbefiederung und der Schwanz blauschwarz und die Schwanzbinde meist noch einmal dunkler abgesetzt. Stark bronzene Tipplervarianten, Schautippler und auch die Bunthalsigen bei einigen südosteuropäischen Rassen (z. B. Szegediner) werden ebenfalls zur Brander-Bronze-Gruppe gerechnet, wobei bei diesen Varianten zusätzlich Schimmel- und Scheckfaktoren modifizierend wirken (Gibson, 5 : 3). Der Verdünnungsfaktor bewirkt eine Veränderung wie beim Modena-Bronze, d. h. es entsteht Sulfur. Gemeinsam ist diesen Bronze-Varianten die Anlage für die dunkle Hämmerung, sie besitzen meist eine schwarze Grundfarbe, wenn bei einigen Tieren allerdings auch schon eine brieftaubenrote Grundfarbe festgestellt wurde (Gibson, 5 : 3). Sie sind obendrein rein- oder mischerbig für Rezessiv Rot. Der Ausbreitungsfaktor für Farbe fehlt auch hier. Paarungen mit Blau oder Blaugehämmerten ergeben Jungtiere mit nicht besonders ausgeprägtem Bronzeton. Zur Verbesserung von Rassemerkmalen bei Brandern oder Kupfrigen eignen sich am besten rezessiv rote Tiere, die im Erbgut nicht den Ausbreitungsfaktor für Farbe haben, also z. B. für kupfrige Berliner Agates aus der Almondzucht. Auch bei der Übertragung von Brander-Bronze auf andere Rassen wäre ein solches Tier der betreffenden Rasse ideal.

Libanon-Bronze

Libanon-Bronze beeinflußt vor allem die Flügelspitzen und die Schwanzbinde und ist in Mischerbigkeit kaum feststellbar. Dieser Faktor wird neben anderen für die intensiv rote Färbung und die Spiegelschwänze und -schwingen der roten und gelben Libanontauben verantwortlich gemacht. Diese sind trotz ihrer intensiven Farbe nicht Rezessiv Rot, sondern Brieftaubenrot. Die satte Färbung wird neben dem Bronzefaktor durch die Zeichnungsanlage Dunkelgehämmert bewirkt. Dieses trifft auch auf getestete Rshewer Sternschwanztümmler zu. Gleiches dürfte für andere russische Rassen mit Spiegelschwänzen und auch für spiegelschwänzige rote und gelbe Pfautauben zutreffen. Versuche, schwarze Tiere mit einer weißen Schwanzbinde zu erzüchten, blieben bislang erfolglos. Diesem Zuchtziel steht vermutlich neben der Grundfarbe der Ausbreitungsfaktor S im Wege. Die ähnliche Schwanzbinde der Orientalischen Mövchen beruht auf einem anderen Erbfaktor, dem später zu behandelnden Orient-Stencil.

Abb. 98

Abb. 99

Abb. 98. Libanontaube, Rot
Abb. 99. Wolgatümmler, Rot mit Spiegelschwanz (Foto: Jungnickel)

2 Weitere Erbfaktoren

Kite

Kite bewirkt einen Bronzeton, insbesondere in den Innenfahnen der Schwungfedern. Der Faktor ist vor allem bei den gleichnamigen Kites der Englischen Kurzschnäblern vorhanden. Diese sind genetisch dunkelgehämmerte Tiere, die zusätzlich den Faktor Kite besitzen. Sie erscheinen äußerlich für den Laien damit oft fast schwarz. Verdünntfarbene Kites werden bei den Englischen Kurzschnäblern Golddun genannt und erhalten statt des Bronze- einen Goldton, der in der Regel auch die Brustpartie erfaßt. Vermutlich sind bei den Kites dieser Rasse noch weitere Erbfaktoren vorhanden, die für die Zucht guter Almonds wichtig sind. Bei Rassen, bei denen dieser Farbenschlag nicht vorkommt, kann er u. U. bei Rezessiv Roten, bei Schwarzen oder bei den brieftaubenroten Farbenschlägen verdeckt vorhanden sein.

Tippler- und Roller-Bronze

Tippler-Bronze beeinflußt die Flügelpartien und in einem geringeren Ausmaß auch das Rumpfgefieder. Durch den Ausbreitungsfaktor für Farbe wird der Faktor nicht vollständig aber doch teilweise zurückgedrängt. Der Faktor tritt oft in Verbindung mit Schimmel- und Scheckfaktoren auf, was eine genaue Analyse erschwert.

Roller-Bronze berührt die dunklen Zeichnungspartien und das Rumpfgefieder, allerdings nur in einem sehr geringen Umfang. Der Ausbreitungsfaktor für Farbe verdeckt Roller-Bronze.

Toy Stencil

Toy Stencil wurde lange Zeit mit der Bronzegruppe zusammengeworfen. Der Faktor mit dem Symbol Ts ist häufig bei einigen deutschen Farbentaubenrassen (Englisch: Toys) vorhanden und wurde bereits kurz angesprochen. Beeinflußt werden die Zeichnungsanlagen wie Binden, Hämmerung und auch die dunkle Hämmerung. Bei Reinerbigkeit wird auf den Zeichnungspartien eine silberne, fast weiße Färbung hervorgerufen. Bei bindiger Zeichnungsanlage erhält man Weißbindige, bei gehämmerter Zeichnung spricht man von Weißgeschuppten, bei der dunklen Hämmerung von Hellschildigen.

2 Weitere Erbfaktoren

Abb. 100

Abb. 101

Abb. 102

Man kennt diesen Faktor bei Silberschuppen, Starenhälsen, Dänischen Stieglitzen, Eistauben, Schwalbentauben, Luchstauben, Strassern, weißbindigen und hellschildigen Modena und Modenesern, Cauchois und anderen Rassen. In Mischerbigkeit wird ein Bronzeton hervorgerufen, d. h. z. B., daß etwa blaugeschuppte oder blauweißbindige Luchstauben mit blaugehämmerten bzw. blaubindigen Tieren anderer Rassen Jungtiere mit rötlichen, rostigen Binden bzw. mit einer rostigen Hämmerung hervorbringen. Man könnte Ts deshalb als partiell dominant bezeichnen. Es wäre aber eine Vereinfachung, von Toy Stencil als von einem einzigen Erbfaktor zu sprechen. Die Erfahrungen mit Kreuzungen sprechen dafür, daß die typische Färbung bei den oben genannten Rassen durch mehrere gleichzeitig wirkende Erbfaktoren hervorgerufen wird. Wenn man nämlich z. B. die ersten Kreuzungsprodukte untereinander paart, so wird man kaum ein einigermaßen typisches Tier mit Toy Stencil im Erscheinungsbild erhalten. Wenn jedoch ein einziger Faktor für die Färbung verantwortlich wäre, so müßte ein Viertel der Nachzucht die typische Färbung aufweisen. Auch Rückpaarungen der ersten Kreuzungsgeneration an reine Toy Stencil ergeben nicht die bei Wirksamkeit nur eines Erbfaktors zu erwartende 1 : 1 Aufspaltung, sondern kaum ein Tier mit der typischen Färbung.

Abb. 100. Feldtaubenfarbe, Belatscht, Blau t weißen Binden
Abb. 101. Luchstaube, Blau-Geschuppt
Abb. 102. Deutscher Modeneser, Dunkellschildig

2 Weitere Erbfaktoren

Abb. 103

Abb. 104

Vermutungen gehen dahin, daß Toy Stencil durch drei Gene beeinflußt wird, von denen zwei partiell dominante Allele sind. Das dritte Gen wird als rezessiv eingestuft. Zur Ausprägung der typischen Färbung wäre dann die Reinerbigkeit dieses rezessiven Gens erforderlich sowie das Vorhandensein eines der beiden anderen Gene in Reinerbigkeit bzw. das Vorhandensein beider Gene in Mischerbigkeit (Gibson, 4 : 3).

Bei einigen Rassen dürfte zusätzlich noch der später zu behandelnde Erbfaktor Dominant Opal in Mischerbigkeit für eine weitere Aufhellung der Zeichnungsanlage sorgen.

Toy Stencil wird bei Reinerbigkeit nicht durch den Ausbreitungsfaktor S überdeckt, so daß auch schwarze Varianten mit weißen Binden, weißer Schuppung und schwarze Hellschildige vorhanden sind. Der Faktorkomplex Toy Stencil zeigt sich auch bei Rezessiv Roten und Gelben. Die verbreiteten Farbenschläge auf der Grundfarbe von Toy Stencil sind in Abbildung 105 aufgeführt.

Abb. 103. Sächsische Flügeltaube, Schwa Weißgeschuppt
Abb. 104. Deutscher Modeneser, Gelb-He schildig
Abb. 105. Verbreitete Farbenschläge auf Grundlage von Toy Stencil
Abb. 106. Starhals, Schwarz
Abb. 107. Dänischer Stieglitz, Gelb
Abb. 108. Marmorstar

Abb. 105

	ohne S	mit S	mit Rezessiv Rot	
			Intensivfarbe	Verdünntfarbe
Bindige	Blau mit weißen Binden	Schwarz m. weiß. Binden	Rot mit weißen Binden	Gelb mit weißen Binden
Gehämmerte	Blau weißgeschuppt	Schwarz weißgeschuppt	Rot weißgeschuppt	Gelb weißgeschuppt
Dunkelgeh.	Dunkel hellschildig (bei heller Grundfarbe auch Blau hellschildig genannt)	Schwarz hellschildig	Rot hellschildig	Gelb hellschildig

Weitere Erbfaktoren

Bei Startauben und Dänischen Stieglitzen sorgen weitere modifizierende Faktoren für den weißen Halbmond bzw. Brustfleck bei Bindigen (Starhals) und Gehämmerten (Marmorstar) und für einen hellen Halsring bei Dunkelgehämmerten (Silberschuppe und Dänischer Stieglitz). Von den Verdünntfarbenen ohne Rezessiv Rot werden gelegentlich Blaufahle mit weißen Binden und Blaufahl Weißgeschuppte gezeigt. Durch das Zusammenwirken von Toy Stencil mit dem Eisfaktor entstehen weißbindige und weißgeschuppte Eistauben.

Abb. 106

Abb. 107

Abb. 108

Weitere Erbfaktoren

Beispiele

Wenn man in einer Rasse den Erbkomplex „Toy Stencil" in Reinerbigkeit bei verschiedenen Zeichnungsvarianten gefestigt hat, so sind Paarungen zwischen diesen Varianten ohne weiteres möglich. Toy Stencil ändert ja nichts daran, daß z. B. Weißbindige die Bindenzeichnung besitzen, Weißgeschuppte die Hämmerung, hellschildige Varianten die dunkle Hämmerung. Man kann die oben bei der Darstellung der Zeichnungsanlagen gegebenen Beispiele also unmittelbar anwenden. Es gilt also hier z. B.

Abb. 109

1. Reinerbig Geschuppte × Weißbindige ergeben nur geschuppte Nachzucht, die aber mischerbig für die Bindenzeichnung ist.

2. Die Jungtiere aus 1 untereinander gepaart ergeben ein Viertel reinerbig Geschuppte, zur Hälfte mischerbig Geschuppte und zu einem Viertel Weißbindige.

3. Die Jungtiere aus 1 an Geschuppte gepaart ergeben bei Reinerbigkeit des Partners nur Geschuppte, die ihrerseits wiederum zur Hälfte mischerbig sind.

4. Die Jungtiere aus 1 an Weißbindige gepaart ergeben zur Hälfte Weißbindige und zur Hälfte mischerbig Geschuppte.

Bei der Übertragung der weißen Zeichnung von Bindigen auf Blaugehämmerte zur Erzüchtung Weißgeschuppter wird man etwas Geduld aufbringen müssen.

5. Weißbindig × Blaugehämmert ergibt Blaugehämmerte mit Bronzeanflug, die mischerbig für Binden und für den Toy Stencil-Komplex sind.

6. Rückpaarungen dieser Jungtiere an das weißbindige Elternteil ergeben zur Hälfte Bronzegehämmerte und zur Hälfte Bindige mit rostigen Binden. Die weiße Zeichnung wird sich i. d. R. noch nicht durchsetzen.

7. Die Bronzegehämmerten aus 6 an ein weißbindiges Tier gepaart ergeben zur Hälfte Bindige und zur Hälfte Gehämmerte, die teilweise schon eine Aufhellung in der Zeichnung zeigen, der Rost wird z. T. durch Weiß verdrängt.

8. Für die Weiterzucht sind die hellsten Gehämmerten aus 7 zu verwenden. Diese an Weißbindige gepaart werden i. d. R. schon dem Zuchtziel der Weißgeschuppten nahe kommen. Ggf. kann man mit den besten Gehämmerten wiederum an Weißbindige zurückpaaren, bis sich der Erfolg einstellt.

Wie für die Zeichnungsanlagen gelten natürlich auch im Hinblick auf den Verdünnungsfaktor (z. B. bei Paarungen von Rot- und Gelbweißgeschuppten) im Hinblick auf die Anlagen für Rezessiv Rot und für den Ausbreitungsfaktor die in den entsprechenden Kapiteln genannten Gesetzmäßigkeiten, so daß hier auf eine nochmalige Darstellung verzichtet wird.

Orient Stencil

Dieser Faktor mit dem Symbol fs (frill stencil nach der amerikanischen Bezeichnung der Mövchen mit „frill") wurde in der Literatur bisher meist mit Toy Stencil zusammen behandelt, da die Vererbung ähnlich verläuft und auch das Erscheinungsbild ähnlich ist. Er unterscheidet sich von Toy Stencil aber darin, daß neben den Zeichnungsanlagen auch die Schwanzbinde, die Flügelspitzen und das übrige Rumpfgefieder in der Färbung beeinflußt werden, soweit dieses nicht – wie bei den Orientalischen Satinetten – ohnehin durch Scheckfaktoren schon weiß ist. Bei den einfarbigen,

Abb. 110   *Abb. 111*

b. 109. Eistaube, Belatscht, Weißschuppt

b. 110. Orientalisches Mövchen, Satinette, Schwarzgesäumt

b. 111. Orientalisches Mövchen, Blondinette, Schwarzgesäumt

Weitere Erbfaktoren

d. h. nicht-gescheckten Blondinetten bleibt die Kopfpartie relativ unberührt und zeigt am deutlichsten die zugrundeliegende Grundfärbung der Tiere an.

Orient-Stencil wird durch den Ausbreitungsfaktor S nicht unterdrückt. S bewirkt aber, daß im Gegensatz zu den gezeichneten Farbenschlägen die gesamte Schwanzpartie heller ausfärbt. Die bei den gezeichneten Farbenschlägen vorhandenen attraktiven Spiegel auf farbigem Grund treten dann nicht auf. Rezessiv Rot verhindert ebenfalls nicht die Ausprägung von fs.

Neben der Unterscheidung der Orientalischen Mövchen in Satinetten (farbig sind Schwanz und Flügelschild) und Blondinetten bietet sich nach den bisherigen Zuchterfahrungen die in Abbildung 112 aufgeführte, vorläufige Systematik an, die gegenüber einigen anderen Zusammenstellungen (Golley 1961, 1975; Roof 1975) etwas erweitert wurde.

Abb. 112

Grundfarbe	Zeichnung	Ausbreitungsfaktor	Intensivfarbe	Verdünntfarbe	Spiegel
Schwarz	Bindig	Nein	Blau mit weißen Binden	Blaufahl mit weißen Binden	Ja
	Gehämmert	Nein	Blaugeschuppt	Blaufahlgeschuppt (oft gold-sulfur-ähnlich)	Ja
Braun	Gehämmert	Ja	Schwarzgesäumt	Dungesäumt	Nein
	Bindig	Nein	Braunfahl mit weißen Binden	Khakifahl mit weißen Binden	Ja
	Gehämmert	Nein	Braunfahlgeschuppt	Khakifahlgeschuppt (Sulfurgeschuppt oder auch Goldsulfur genannt)	Ja
Brieftaubenrot	Gehämmert	Ja	Braungesäumt	Khakigesäumt	Nein
	Bindig	Nein	Rotfahl mit weißen Binden	Gelbfahl mit weißen Binden	Ja
	Gehämmert	Nein	Rotfahlgeschuppt	Gelbfahlgeschuppt	Ja
	Gehämmert	Ja	Fahlgeschuppt (Lavendelgesäumt)	Gelbfahlgesäumt	Nein
Schwarz, Braun o. Brieftaub'rot u. reinerb. Rez. Rot	Bindig	Nein	Rot mit weißen Binden	Gelb mit weißen Binden	Ja
	Gehämmert	Nein	Rotgeschuppt	Gelbgeschuppt	Ja
	Gehämmert	Ja	Rotgesäumt	Gelbgesäumt	Nein

Abb. 113   *Abb. 114*

Die dritte der in der Abbildung 112 aufgeführten vier Hauptgruppen tritt optisch hinter der rezessiv roten Gruppe zurück und dürfte nur zufällig bei Paarungen von Tieren der vierten Gruppe mit Tieren der ersten und zweiten Gruppe auftreten. Bei einigen Orientalischen Mövchen ist möglicherweise neben dem Orient-Stencil gleichzeitig Toy-Stencil vorhanden, was sich allerdings nur bei Paarungen mit Fremdrassen zeigen kann. Da alle genannten Farbenschläge reinerbig für Orient-Stencil sind, kann man alle Farbenschläge problemlos nach den oben dargestellten allgemeinen Gesetzmäßigkeiten verpaaren. Die Ergebnisse von Paarungen der Verdünntfarben mit den Intensivfarben, der gehämmerten Varianten mit den bindigen Varianten und der Tiere mit Ausbreitungsfaktor mit solchen ohne diesen Faktor lassen sich deshalb auch unmittelbar an den in den betreffenden Abschnitten gegebenen Beispielen ablesen.

Abb. 112. Genetische Struktur der Farbenschläge bei den Orientalischen Mövchen
Abb. 113. Orientalisches Mövchen, Blondinette, Blau mit weißen Binden
Abb. 114. Orientalisches Mövchen, Blondinetten, Braun- und Khakigesäumt

Angemerkt sei noch, daß sich die saubere Färbung der Orientalen noch nicht im Jugendgefieder zeigt. Auch einfarbige und stark rostige Jungtiere mausern oft völlig sauber aus.

Weitere Erbfaktoren

Dominant Opal

Dominant Opal mit dem Symbol Od wurde erst 1938 durch W. F. Hollander als eigenständiger Erbfaktor erkannt und ist z. B. bei blauen weißbindigen und weißgeschuppten Strassern, bei denen dieser Erbfaktor auch entdeckt wurde, vorhanden. Die Auswirkung auf das Gefieder variiert relativ stark und ist von den zusätzlich in den jeweiligen Tieren vorhandenen Erbfaktoren beeinflußt. Wie bei Toy Stencil werden auch hier die Binden und die Hämmerung aufgehellt, wenn auch nicht so stark. Die Färbung ist oft grau und mitunter gelblich/rötlich (Hollander 1983). Bei den braunen und schwarzen gezeichneten Farbenschlägen werden vor allem die Binden und die Hämmerung sowie die Schwanzbinde und die Schwungfedern ausgebleicht. Bei brieftaubenroter Grundfarbe wird die gesamte Grundfarbe zu Orange aufgehellt, zusätzlich sind die weiße Hämmerung bzw. die weißen Binden zu sehen. In Verbindung mit Rezessiv Rot und auch mit dem Ausbreitungsfaktor für Farbe zeigt sich ebenfalls die unter diesen Faktoren verborgene Zeichnung in helleren Flecken in dem Flügelschild bei gehämmerten Tieren bzw. in der helleren Binde bei Bindigen.

Abb. 115

Reinerbige Od sind nach den bisherigen Erfahrungen, sofern sie nicht schon im Ei absterben, fast weiß und überleben kaum einmal die ersten Wochen. Wir haben es hier also vermutlich mit einem Letalfaktor zu tun, möglicherweise ist Od aber auch mit einem Letalfaktor gekoppelt, so daß man durch einen Koppelungsbruch zu einem lebenskräftigen reinerbigen Stamm für Od gelangen könnte. Solange dieses nicht der Fall ist, wird man aus einem Zuchtpaar aufgrund der Mischerbigkeit jeweils nur 50 % an gewünschter mischerbiger Nachzucht erhalten, der Rest fällt mangels Lebenskraft aus bzw. entspricht dem Wild-Typ, besitzt also kein Od. Die Frage der Koppelung von Erbfaktoren wird weiter hinten angesprochen. Durch die Letalwirkung bei Reinerbigkeit lassen sich auch die schlechten Aufzuchtergebnisse von Stämmen isabellfarbener Brünner und Sächsischer Kröpfer erklären, die genetisch neben Od reinerbig Rezessiv Rot und reinerbig Dominant Rot sind sowie den Verdünnungsfaktor besitzen. Prütz beschreibt die Färbung 1885 als Zwischenton von Gelb und Rot, „dabei so licht und blaß, daß sie nur wie angehaucht erscheint". Die weißen Binden heben sich damit kaum vom übrigen Gefieder ab.

Abb. 116

Abb. 117

Für Züchter von dominant opalfarbenen Tauben wie den angesprochenen weißbindigen Strassern, den sog. Hellblauen mit weißen Binden einiger Trommlerrassen u. a. bedeuten die aufgezeigten Zusammenhänge, daß man sich mit dem Aufspalten der Ausstellungstiere in der Zucht abzufinden hat und daß man dieses nicht als einen Fehler des Zuchtstammes betrachten darf. Die Zusammenhänge bedeuten auch, daß es sinnvoll sein kann, in der Zucht Weißbindige an Blaubindige ohne Od zu verpaaren bzw. Weißgeschuppte mit dem Faktor Od an Blaugehämmerte ohne Od zu verpaaren. Aus diesen Paarungen wird mit 50 % dominant opalfarbener Nachzucht nicht weniger an standardgerecht gefärbten Jungtieren fallen als aus zwei dominant opalfarbenen Partnern. Die nicht-opalfarbene Nachzucht hat bei sonstiger guter Qualität also durchaus Zuchtwert. Dieses gilt natürlich auch für die Zucht Isabellfarbener.

Auch die ausgebleichten Schwingen und Schwänze dürfen bei dominant opalfarbenen Farbenschlägen nicht als fehlerhaft betrachtet werden. Man muß diese, mitunter als Schilf angesprochene Erscheinung als notwendige Begleiterscheinung betrachten und sie als eine Besonderheit begreifen.

Wen diese Erscheinung stört, der sollte andere Farbenschläge oder Rassen züchten, bei denen weiße Binden durch andere Erbfaktoren hervorgerufen werden, z. B. Toy-Stencil oder Orient-Stencil. Die Übertragung dieser Erbfaktoren ist natürlich auf jede Rasse möglich und wurde mit Toy-Stencil auch bei den blau-weißgeschuppten Strassern vorgeführt. Man muß sich bei solchen Zuchtvorhaben aber darüber klar sein, daß es sich nicht um die Verbesserung der Ausgangsfarbenschläge, der dominant opalfarbenen Farbenschläge handelt. Genetisch handelt es sich um die Neuzüchtung eines ähnlich erscheinenden Farbenschlages und um die völlige Verdrängung des alten. Der alte Farbenschlag wird bei rationaler Zuchtplanung nicht einmal bei den Ausgangspaarungen der Neuzüchtung eingesetzt.

b. 115. Strasser, Blau mit weißen Binden
b. 116. Strasser, Schwarz-Weißgeschuppt
b. 117. Sächsischer Kröpfer, Isabell

Weitere Erbfaktoren

Weitere Erbfaktoren

Beispiele

1. Weißbindig × Blaubindig: 50 % der Nachzucht ist mit weißen und 50 % mit blauen Binden versehen.

2. Weißbindig × Weißbindig: 25 % der Nachzucht ist letal, 50 % besteht aus Weißbindigen und 25 % aus Blaubindigen.

Allgemein gilt für alle Farbenschläge:

3. Dominant Opal × Nicht-Opal: 50 % Dominant Opal und 50 % Nicht-Opal.

4. Dominant Opal × Dominant Opal: 25 % der Nachzucht ist letal, 50 % Dominant Opal und 25 % Nicht-Opal.

Smoky

Abb. 118

Smoky (rauchfarben) ist ein rezessiver Erbfaktor, der den Züchtern blauer Farbenschläge viele Probleme bereiten kann. Er ist nicht geschlechtsgebunden und hat das Symbol sy erhalten.

Smoky hat die seltsame Auswirkung, daß er bei reinerbigen Tieren bestimmte Körperpartien aufhellt, andere dagegen dunkler erscheinen läßt. So werden Schnabel, Augenrand und Haut heller, das Blau bei bindigen Tieren mit schwarzer Grundfarbe etwas dunkler, die Binden verwaschen oft etwas, und die äußeren Fahnen der Schwanzfedern verlieren ihre weißen Abzeichen. Auch die hellblauen, oft fälschlicherweise als weiß angesprochenen Partien am Rumpf blauer Tauben erscheinen i. d. R. dunkler. Die Aufhellung der Schnabelfarbe muß nicht so weit gehen, daß ein klarer Wachsschnabel erscheint. Oft sind die Schnäbel trotz Reinerbigkeit für smoky noch mehr oder minder stark angelaufen.

Abb. 118. Danziger Hochflieger, Blau mit Smoky-Faktor

Abb. 119. Stargarder Zitterhals, Blaugehämmert mit Smoky-Faktor (Foto: Jungnickel)

Abb. 120. Brieftaube, Blau ohne Smoky-Faktor

Abb. 121. Pommersche Schaukappe, Blau mit Smoky-Faktor

Abb. 120

Abb. 121

Weitere Erbfaktoren

Wenn in der Musterbeschreibung einer Rasse für blaubindige (oder auch blaugehämmerte und hohlige) Vertreter der Rasse helle Schnäbel gefordert werden, so haben die oben genannten Zusammenhänge offenbar unangenehme Konsequenzen. Es läßt sich dann kein so helles Taubenblau wie etwa bei dunkelschnäbligen Brieftauben, Schautauben, King u. a. erreichen.

Abb. 119

Wenn nämlich ein Erbfaktor gleichzeitig mehrere Eigenschaften hervorruft, von denen einige erwünscht und andere unerwünscht sind, so läßt sich auf züchterischem Wege eine Trennung nicht erreichen. Auch die bei unabhängigen Eigenschaften erfolgversprechende Methode, ein Tier mit guter Farbe und dunklem Schnabel mit einem anderen mit schlechter Farbe und hellem Schnabel zu verpaaren und die Nachzucht aufspalten zu lassen, muß fehlschlagen. Es wird nicht gelingen, ein Tier herauszumendeln, das die beiden erwünschten Eigenschaften in sich vereint.

Hier hilft auch nicht das Rezept, andersfarbige Tiere der gleichen Rasse einzupaaren. Die Schnabelfarbe ist an die Kopffarbe gebunden, und z. B. Weißköpfe oder auch rein weiße Tauben besitzen einen hellen Schnabel, auch wenn die Taube nicht den Smoky-Faktor besitzt. Gleiches gilt für Rezessiv Rote. In aller Regel steht man nach solchen Paarungen, auch im Hinblick auf die Schnabelfärbung, eher schlechter da und hat sich hinsichtlich Färbung und Zeichnung noch weitere Probleme hinzugeholt.

2 Weitere Erbfaktoren

Bei Kreuzungen mit dem fahlen Farbenschlag gelten ebenfalls starke Einschränkungen. Reinerbig Fahle haben nämlich auch dann einen hellhornfarbigen Schnabel, wenn sie den Smoky-Faktor nicht besitzen. Der helle Schnabel ist hier an die Gefiederfarbe gebunden, und wenn wir bei Rückpaarungen wieder blaue Tiere mit einer guten Farbe erhalten, so wird auch der schwarze Schnabel wieder vorhanden sein. Gute Beispiele für solche Fahlen findet man ebenfalls wieder bei den Reisetauben. Es gibt natürlich auch Fahle mit Binden mit dem Smoky-Faktor. Hier ist die Wirkung auf die Gefiederfärbung ganz ähnlich wie beim blauen Farbenschlag, d.h. vor allem wird das Flügelschild unsauberer. Kreuzungen mit solchen Fahlen sind ohne Schädigung des blauen Farbenschlages möglich, aber die Verbesserungsmöglichkeiten sind wegen der gleichgelagerten Probleme eben auch nur begrenzt oder gar nicht gegeben.

Grundsätzlich gleich gelagert ist das Problem bei Kreuzungen mit Verdünntfarben, etwa mit Blaufahl. Der Verdünnungsfaktor hellt nämlich nicht nur die Gefiederfarbe auf, sondern auch die Schnabelfarbe. Sobald der Verdünnungsfaktor nach Kreuzungen mit dem blauen Farbenschlag wieder verschwunden ist, ist auch die etwas aufgehellte Schnabelfarbe verschwunden, d.h. die Blauen haben wieder den dunklen Schnabel und die Blaufahlen den aufgehellten Schnabel.

Durch Zuchtauslese sauber gefärbter Tiere sind gewisse Erfolge in der Färbung auch bei hellem Schnabel möglich. Die bei einigen Rassen erreichten Ergebnisse zeigen aber, daß trotz eines großen züchterischen Einsatzes die blaue Färbung nicht unerheblich von dem hellen Blau gutgefärbter dunkelschnäbliger Tiere abweicht, dunkler ist und oft leicht ins Violette abgleitet. Auch die Erhaltung einer einmal in der Zucht erreichten sauberen Färbung kostet durch häufige Rückschläge sehr viel züchterische Energie. Solche Rückschläge sind auch plötzlich in reinen Stämmen auftretende Aufhellungen des Rückens.

Während Smoky im blauen Farbenschlag offenbar einige Schwierigkeiten bereitet, wirkt er bei anderen sogar farbverbessernd, so z.B. im schwarzen Farbenschlag und auch bei rezessiv roten Tieren.

Abb. 122

Abb. 123

Abb. 122. Brieftaube, Sooty
Abb. 123. Erlauer Tümmler, Blau mit Binden – mit Dirty-Faktor

Sooty und Dirty

Farbintensivierend bei anderen Farbenschlägen können auch Sooty (verrußt) mit dem Symbol so und Dirty (schmutzig) mit dem Symbol V wirken. Beide Faktoren scheinen nicht geschlechtsgebunden vererbt zu werden. Sooty ruft auf dem Flügelschild, insbesondere bei bindigen Tieren, dunklere Flecken hervor, die entfernt an eine Hämmerung in der jeweiligen Färbung des Farbenschlages erinnern. Diese Flecken sind aber nicht so deutlich ausgeprägt und auch nicht so regelmäßig wie eine Hämmerung. Die dunkleren Flecken befinden sich im Gegensatz zur Hämmerung in den Federspitzen beidseitig des Federkiels und erscheinen oft noch nicht im Jugendgefieder. Sooty gehört nicht zu den Zeichnungsanlagen und kann daher bei gehämmerten und dunkelgehämmerten Tieren vorhanden sein, ohne daß sich dieses im Erscheinungsbild zeigt. Es wird durch die Zeichnungsanlage überdeckt. Bei Paarungen dieser Tiere mit Bindigen kann dann die Erbanlage in späteren Generationen aufgedeckt werden. Dirty führt zu einer starken Verdunkelung der blauen Färbung des Flügelschildes bei blauen Farbenschlägen. Auch der Schnabel und die Füße der Jungtiere erscheinen dunkler als beim Wild-Typ.

Mitunter treten in der Zucht auch in sauber gefärbten bindigen Stämmen unverhofft ähnliche Schattierungen wie Sooty und Dirty auf, die nicht in das Erbschema eines dominanten Erbganges passen. Diese Erscheinungen sind bisher aber kaum auf ihr Erbverhalten hin untersucht.

2 Weitere Erbfaktoren

Weiß

Weiß ist erbmäßig eine der kompliziertesten Färbungen, die durch unterschiedliche Erbanlagen bewirkt werden kann.

Sie ist darauf zurückzuführen, daß sich die durch die sonstigen Erbfaktoren vorgegebenen Färbungen nicht auswirken können, weil ein oder mehrere andere gleichzeitig vorhanden sind und die anderen unterdrücken. Bei Kreuzungen mit weißen Tauben kann man deshalb nicht sicher sein, welche anderen Erbfaktoren sie mitbringen. Das Ergebnis der ersten Kreuzung ist deshalb meist ungewiß und bei Paarungen mit weißen Tieren sind spätere Rückschläge in der Zucht auch in folgenden Generationen zu befürchten.

Abb. 124

Bei der Darstellung einiger anderer Erbfaktoren wurde bereits darauf hingewiesen, daß diese eine weiße Färbung bei Reinerbigkeit bewirken kann. Der dominante Schimmel-Faktor bringt bei Reinerbigkeit für diesen Faktor und zusätzlich roter Grundfarbe weiße oder fast weiße Tauben hervor. Bei reinerbigen Almond, Faded und Indigo wurde der starke Aufhellungseffekt ebenfalls bereits diskutiert. Bei den meisten Rassen mit roten Augen oder mit Perlaugen dürfte die weiße Gefiederfärbung durch eine Kombination mehrerer dieser angesprochenen und weiterer Erbfaktoren hervorgerufen worden sein. Bei Pommerschen Schaukappen z. B. dürfte der Effekt der weißen Gefiederfärbung vor allem durch den Schimmelfaktor G hervorgerufen werden, wozu der Ausbreitungsfaktor für Farbe und eine rote Grundfarbe treten. Auch mischerbige Schimmel (G +) sind dann fast Weiß; der Aufhellungseffekt bei dieser Rasse ist sogar so stark, daß selbst bei Tieren mit schwarzer Grundfarbe oft nur etwas Schimmel (schwarze Spritzer) im Halsgefieder zu sehen ist! Insofern hat es von der Zuchtpraxis her gesehen eine gewisse Berechtigung, „Weiß" in solchen Fällen als dominant zu bezeichnen und mit G gleichzusetzen. Das ist aber eben nur die halbe Wahrheit, zumal noch Scheckfaktoren und andere Erbfaktoren gleichzeitig wirken können.

Daneben gibt es das nicht geschlechtsgebundene Albinoweiß (al) und das ebenfalls rezessiv und nicht geschlechtsgebundene Weiß, das mit dunklen Augen (Faulaugen) verbunden ist und das Symbol z^{wh} erhalten

Abb. 124. Fränkische Trommeltaube, W (Rezessiv mit dunklen Augen)
Abb. 125. Berliner Lange, Blaubunt (G stert) (Foto: Wolters)

hat. Dieses ist ein eigenständiger Farbenschlag, der nichts mit dem Weiß perläugiger Rassen oder von Rassen mit roter Augenfarbe zu tun hat und nach aller Erfahrung genauso sehtüchtig und lebensstark wie diese ist.

In diesem Zusammenhang soll noch Pink-Eyed Dilute (pd) erwähnt werden. pd ist nicht geschlechtsgebunden und rezessiv. Er bewirkt eine rötliche Augenfärbung wie Albinoweiß al, Sehdefekte und eine Aufhellung der Federfärbung wie der Verdünnungsfaktor d. In Verbindung mit anderen Erbfaktoren, die eine weiße Gefiederfärbung hervorrufen, kann dieser Erbfaktor sehr leicht mit al verwechselt werden.

Der Zusammenhang dieser Weißvarianten mit den Scheckfaktoren bedarf noch weiterer Klärungen.

Scheckfaktoren

Abb. 125

Neben einfarbig weißen Tauben gibt es das Weiß in vielen Scheckfärbungen, von denen gründlicher vor allem die Gazzi- oder Strasser-Scheckung untersucht wurde. Diese wird wie das rezessive Weiß z^{wh} rezessiv und nicht geschlechtsgebunden vererbt und hat das Symbol z erhalten. Nach Untersuchungen von Mangile (1984) scheinen z und z^{wh} Allele zu sein.

Die Elster-Scheckung einiger Rassen wie der Berliner Langen, Pommerschen Blaubunten u. a. wird „intermediär" vererbt, d. h. die geelsterten Tiere sind mischerbig. Die Paarung einfarbig weißer Tiere mit dunklen Augen mit weißgeschwingten perläugigen Tieren bringt bei diesen Rassen geelsterte Jungtiere hervor. Paart man diese geelsterten Jungtiere untereinander, so fallen neben 50 % geelsterten auch je 25 % weiße und weißgeschwingte farbige Tiere. Die weißen Tiere untereinander und auch die farbigen Tiere mit den weißen Schwingen untereinander gepaart vererben rein.

Bei anderen Rassen wie den Elsterpurzlern, Dänischen Tümmlern und Elsterkröpfern (dort mit weißem Kopf) vererbt die Elster-Scheckung konstant und gegenüber den Einfarbigen rezessiv.

2 Weitere Erbfaktoren

Abb. 126

Abb. 127

Abb. 128

Die weißen Schwingen der Weißschläge vererben ebenfalls konstant, wobei jedoch eine Tendenz – wie bei den anderen Scheckungen auch – zur Ausbreitung der weißen Farbflächen besteht. Für die Zucht sind daher unterschwingte Tiere wertvoller als überschwingte. Farbenköpfigkeit läßt sich durch einen rezessiven Faktor erklären, während Weißköpfigkeit (Baldhead Bh) bei einigen Rassen als partiell dominant eingestuft wird.

Abb. 129

Bei der Analyse der farbigen Schildzeichnung kamen Christie und Wriedt (1923) im Hinblick auf die Weißkopfzeichnung bei den von ihnen benutzten Rassen zum Teil zu anderen Ergebnissen. Es zeigte sich für die Schildzeichnung, daß ein rezessiver Erbfaktor (p genannt) für den weißen Kopf, Hals, Bauch und die weiße Brust verantwortlich ist. Die Weißköpfigkeit wurde zusätzlich durch einen anderen gleichfalls rezessiven Erbfaktor (k genannt) bewirkt, der wegen der schon durch p bewirkten Weißköpfigkeit erst bei der Aufspaltung von Kreuzungsprodukten mit Einfarbigen in späteren Generationen entdeckt werden kann. Für die Versuche wurden Norwegische Petenten (eine Art Schildmövchen) verwendet.

Abb. 126. Elsterkröpfer, Blau
Abb. 127. Kasseler Tümmler, Schwarz
Abb. 128. Königsberger Farbenkopf, Schwarz
Abb. 129. Thüringer Weißkopf, Schwarz (Foto: Wolters)
Abb. 130. Süddeutsche Schildtaube, Rot
Abb. 131. Böhmische Flügelschecke, Rot

Abb. 130

Abb. 131

Weitere Erbfaktoren

Der Faktor p ist nach ihrer Analyse mit einem rezessiven Faktor s_1, der einen weißen Schwanz hervorbringt, gekoppelt. Für die Weißschwänzigkeit bei einer anderen Rasse, den Dänischen Tümmlern, kamen sie zu dem Ergebnis, daß hier zwar ebenfalls ein rezessiver Erbfaktor wirksam ist, daß dieser aber nicht mit dem erstgenannten identisch ist. Diesem Faktor wiesen sie das Symbol s_2 zu.

Die Scheckung der Böhmischen Flügelschecken ist im Hinblick auf das Flügelschild, die Hand- und Armschwingen sowie die Fußbefiederung kein Ergebnis von Erbfaktoren, sondern durch Menschenhand geschaffen. Man macht sich hierbei die Tatsache zunutze, daß farbige Federn nach wiederholtem Ziehen in den meisten Fällen weiß nachwachsen. Wie oft man eine Feder zu diesem Zwecke ziehen muß, hängt vom Farbenschlag ab. Gelb ist dabei am weichsten, geht also am schnellsten in Weiß über. Rot und Schwarz folgen in der Rangfolge, während silberne und vor allem blaue Flügelschecken sehr schwer zu erzielen sind. Bei letzteren müssen die Federn i. d. R. fünfmal gezogen werden, bis sie weiß geworden sind. Eine einmal durch wiederholtes Ziehen erreichte Scheckung bleibt erhalten, die Federn müssen in der Regel also nach dem nächsten Federwechsel nicht erneut gezogen werden. Diese Zusammenhänge sind auch von

Weitere Erbfaktoren

Schildtauben und Weißschlägen bekannt, bei denen Züchter zur besseren Abrundung des Schildes auf gleiche Weise Korrekturen versuchen. Bei den Flügelschecken wird die äußerste oder werden die beiden äußersten zwei Federn des Flügels farbig gelassen und von den übrigen wird abwechsend jede zweite weiße gezogen. Damit kein „offenes Rückenherz" entsteht, werden die letzten Armschwingen farbig gelassen. Auf dem Flügelschild und in der Fußbefiederung werden entsprechende Korrekturen vorgenommen (Münst 1975).

Mosaik

In Ausnahmefällen treten bei der Nachzucht ganz normal gefärbter Elterntiere Erscheinungen auf, die allen Vererbungsregeln widersprechen und in kein Vererbungsschema passen.

Abb. 132

Abb. 133

Abb. 132. Mosaik (Lahore), Gelb und K (Foto: Hollander)

Abb. 133. Mosaik (Brieftaube), Blau und R fahl (Foto: Hollander)

Abb. 134. Lahore, Silber (einseitige Sch kung)

Abb. 135. Mosaik, Blaugehämmert und R schimmel (Foto: Hollander)

Weitere Erbfaktoren

Abb. 134

Dieses ist der Fall bei den Mosaik, die hier nicht mit der mitunter auch Mosaik genannten Färbung bei bindigen oder gehämmerten rezessiv opalfarbenen Brieftauben verwechselt werden sollten. Fälle typischer Mosaik liegen dann vor, wenn sich in den einzelnen Federpartien verschiedene Färbungen zeigen, die sich eigentlich gegenseitig ausschließen sollten. Dies ist der Fall, wenn bei einem Tier z. B. einer der Flügel und ein Teil der Schwanzfedern dominant rot sind, also z. B. rotfahl, und die anderen Teile blau oder blaugehämmert sind. Andere Beispiele sind schwarze Tauben mit größeren rezessiv roten Farbflächen, überwiegend braune Tiere, die daneben brieftaubenrote Farbflächen zeigen. Oft sind nur zwei verschiedene Erbfaktoren beteiligt, es können aber auch sehr viel mehr sein.

Die Erklärung für das Phänomen der Mosaik liegt wohl darin, daß bei der Befruchtung eine zusätzliche Samenzelle in die Eizelle eingedrungen ist und teilweise das Erscheinungsbild bestimmt (Hollander 1975). Die Bezeichnung „bipaternity" von Hollander soll deutlich machen, daß zwei verschiedene Sperme an der Befruchtung mitgewirkt haben. Biologisch gesehen habe diese Mosaik damit quasi zwei Väter, wobei bei Mischerbigkeit eines Täubers die unterschiedlichen Sperme nicht notwendigerweise auch von zwei verschiedenen Täubern stammen müssen.

Abb. 135

Mosaik wurde bei sehr vielen Rassen beobachtet und nahezu alle bekannten Erbfaktoren sind beteiligt gewesen. Dieses gilt nicht nur für unterschiedliche Färbungen, sondern auch für Federabnormitäten. Jedes Tier ist für sich einzigartig und nicht reproduzierbar. Die Paarung mosaikfarbener Tauben untereinander wird deshalb auch allenfalls zufällig wieder mosaikfarbene Jungtiere ergeben.

Mosaik sind nicht gleichzusetzen mit einer einseitigen Scheckung, die mitunter bei gescheckten Farbenschlägen auftritt.

Weitere Erbfaktoren

Federstrukturen

Federstrukturen im Kopfbereich

Die meisten Federstrukturen, die bislang untersucht wurden, verhalten sich gegenüber dem Wild-Typ ohne jegliche Struktur rezessiv und nicht geschlechtsgebunden. Dieses gilt für Hauben, die das Symbol cr (crest) erhalten haben, und z. B. auch für die Augenschirme oder Schaukappen bei den Pommerschen Schaukappen sowie die Schnabelnelke und -rosetten einiger Rassen. Die Schnabelnelke bei Siebenbürger doppelkuppigen Tümmlern (doppelkuppig bedeutet das gleichzeitige Erscheinen von Kappe und Nelke an einem Tier) und die Augenschirme der Pommerschen Schaukappen scheinen nach ersten Untersuchungen Allele zu sein mit Dominanz der Schaukappe über die Nelke. Die Bestimmungsgründe für die unterschiedlichen Formen von Hauben und Nelke bzw. Rosette sind bisher kaum systematisch untersucht worden. Es wurde gezeigt, daß sowohl die Spitzkappe (z. B. bei Kupfergimpeln) als auch die Muschelkappe (z. B. der Danziger Hochflieger) sich einfach rezessiv zu Glattköpfig verhalten. Diesem und auch der Vermutung, daß beide Anlagen Allele mit Dominanz der Spitzkappe sind, widerspricht allerdings die Tatsache, daß gelegentlich aus Kreuzungen muschelkappiger Tauben mit glattköpfigen Rassen – bei denen mit Sicherheit die rezessive Anlage für Spitzkappe ausgeschlossen werden kann – neben glattköpfigen auch spitzkappige Jungtiere gefallen sind. Den meisten Züchtern muschelkappiger Tiere ist zudem auch bekannt, daß gelegentlich einmal ein Jungtier mit einer so schmalen und deformierten Kappe auftritt, daß man es als spitzkappig einstufen könnte. Der Hinweis auf modifizierende Erbfaktoren und additive Gene zur Erklärung solcher vom Normalen abweichenden Beobachtungen dürfte zwar in vielen Fällen in die richtige Richtung weisen. Dieses sollte aber nicht darüber hinwegtäuschen, daß solche Hinweise im Augenblick vor allem als Eingeständnis unseres noch sehr unbefriedigenden Wissensstandes zu verstehen sind. Für den praktischen Züchter sind die „Sonderfälle" allerdings kaum von Interesse, so daß die angegebenen Regeln für ihn eine brauchbare Hilfestellung für die Zucht sein dürften.

Für die ausgeprägte Federstruktur der Perückentauben vermuten Christie und Wriedt (1927), daß hier ein dominanter Erbfaktor (Pe) vorliegt, der sich aber nur auswirken kann, wenn gleichzeitig die Erbanlage für die Muschelhaube vorhanden ist.

Abb. 136

Abb. 137

2

Weitere Erbfaktoren

Die Halskrause, z. B. bei Mövchenrassen, dürfte ebenfalls rezessiv vererbt werden, wobei eventuell mehrere Erbfaktoren beteiligt sind.

Rezessiv vererbt wird auch die Halskrause der Chinesentauben, wobei beide Anlagen Allele sein könnten mit der Dominanz der Halskrause der Mövchen gegenüber der Halskrause der Chinensentauben (Hollander 1983). Die eigenartige Nasenkuppe chinesischer Tümmler scheint nach den bisher bekanntgewordenen Ergebnissen dagegen dominant zu sein.

Auf die Vererbung der Halskrause wird noch bei der Darstellung vielgeniger Merkmale einzugehen sein (siehe Seite 152).

Sideburns haben im Kopfbereich, meist am Schnabel oder in der Nähe der Ohröffnungen, nach vorne gerichtete Federpartien, die eine Art Wirbel bilden; nach Untersuchungen W. F. Hollanders handelt es sich hier um eine dominante Mutation, die das Symbol Sb erhalten hat.

Abb. 136. Pommersche Schaukappe, Weiß (Kopfstudie)
Abb. 137. Bucharische Trommeltaube, Schwarzgescheckt (doppelkuppig)
Abb. 138. Perückentaube, Weiß
Abb. 139. Chinesentaube, Rotgetigert
Abb. 140. Chinesischer Tümmler mit Nasenkuppe (Foto mit freundlicher Erlaubnis entnommen aus „Levi, Encyclopedia of Pigeon Breeds")

Weitere Erbfaktoren

Weitere Strukturen

Die Vererbung von Schwanzform und Schwanzbreite ist ebenfalls noch nicht voll geklärt, die erste Generation von Paarungen mit normalschwänzigen Tieren hat ein intermediäres Erscheinungsbild. Dachförmig getragene Schwänze setzen nicht voraus, daß mehr als zwölf Federn vorhanden sind und schmale Schwänze können auch mehr oder weniger als zwölf Federn besitzen.

Seidenfiedrigkeit mit dem Symbol L ist nicht geschlechtsgebunden und wie Sb dominant. Dieses wird auch von der Lockung der Lockentauben behauptet, wobei hier aber vermutet wird, daß zwei dominante Erbfaktoren gemeinsam wirken. Frayed (ausgefranst), mit dem Symbol F bewirkt ein weicheres Gefieder mit leichter Ähnlichkeit mit Seidenfiedrigkeit. Der Erbgang ist dominant.

Gekräuselt, „frizzy", mit dem Symbol fz ist eine rezessive Anlage, die vor allem die körpernahen Federn angreift, besonders stark im Jugendgefieder.

Abb. 143

Abb. 141

Abb. 142

Abb. 141. Danziger Hochflieger, Weiß (F Jungnickel)

Abb. 142. Lockentaube, Weiß

Abb. 143. Pfautaube, Seidenfiedrig (Foto freundlicher Genehmigung entnommen „Levi, Encyclopedia of Pigeon Breeds")

Abb. 144. Rumänischer Nackthalstümmler, Dominant Gelb (Foto: Jungnickel)

Abb. 145. Chinesisches Mövchen, Jugendgefieder bei „Frizzy", Altgefieder weniger abnorm (Foto: Hollander)

Abb. 146. Brieftaube (1,0), Porcubine (Foto: Hollander)

Abb. 145

Abb. 146

Weitere Federabnormitäten sind Scraggly (sc), eine extreme Seidenfiedrigkeit, bei der die Haut verdickt wird, und Porcubine (p). Porcubine bedeutet im Deutschen Stachelschwein. Die Federn dieser von der Federstruktur aus gesehen stachelschweinartigen Tauben entfalten sich nicht und verbleiben in den Federfahnen. Die extremste Abnormität sind vollkommen federlose Tauben mit dem Symbol na für nackt (naked). Der Erbgang ist wie bei den beiden vorgenannten Faktoren nicht geschlechtsgebunden rezessiv. Nackthalstauben, als Rumänische Hochflugrasse standardmäßig anerkannt, sollen für ihre Eigenschaft eine intermediäre Vererbung aufweisen.

Die Fußbefiederung bei Tauben weist sehr unterschiedliche Ausprägung auf. Die starke Belatschung einiger Rassen wird auf das Zusammenwirken zweier verschiedener Erbanlagen zurückgeführt, die für sich allein genommen eine geringe Fußbefiederung hervorrufen. Der eine Faktor, Grouse, bringt eine Bestrümpfung wie bei Persischen Rollern hervor, der andere, Slipper, erzeugt eine kürzere Fußbefiederung wie etwa bei den Englischen Zwergkröpfern. Kreuzungen von belatschten mit glattfüßigen Tieren bringen intermediäre Erscheinungen hervor. Rückpaarungen an Belatschte bringen in der Regel schon wieder einige Jungtiere, die den belatschten Ausgangstieren kaum nachstehen.

Weitere Erbfaktoren

Abb. 147

Abb. 148

Abb. 147. Sächsische Schwalbe, Blau mit schwarzen Binden

Abb. 148. Englischer Zwergkröpfer, Schwarzgeherzt

Die Ausprägung ist bei beiden Faktoren relativ variabel; für Grouse wurde das Symbol gr gewählt, für Slipper Sl, da die erste Generation bei Kreuzungen mit glattfüßigen Tieren i. d. R. einige Federn an den Innenzehen zeigt und der Faktor somit als dominant einzustufen ist.

Beispiel für die Vererbung der Kappe

Den Erbgang bei den Anlagen für die Federstrukturen und auch bei anderen Erbanlagen, die im wesentlichen durch einen einzigen Erbfaktor bestimmt werden, kann man, genau wie bei den Färbungen dargestellt, mit Hilfe der Punnettschen Quadrate veranschaulichen.

Im Fall der rezessiven Anlage für die Haube (crest = cr) folgt für die Paarung von kappig × glattköpfig:

2 Weitere Erbfaktoren

	cr	cr
0,1 / 1,0		
+	+ cr	+ cr
+	+ cr	+ cr

Die Jungtiere sind bei Reinerbigkeit des glattköpfigen Partners alle mischerbig für die Kappenanlage, wegen des rezessiven Erbgangs äußerlich aber glattköpfig. Mitunter zeigen diese mischerbigen Jungtiere allerdings zopfartige Kappenansätze im Nackengefieder.

Diese Jungtiere untereinander gepaart ergeben:

	+	cr
0,1 / 1,0		
+	+ +	+ cr
cr	cr +	cr cr

Ein Viertel der Jungtiere ist kappig (cr cr), ein Viertel ist reinerbig glattköpfig (+ +), die Hälfte ist glattköpfig, aber mischerbig für die Kappe (+ cr und cr +).

Falls aus einem glattköpfigen Paar also einmal ein kappiges Jungtier fällt, so sind beide Eltern mischerbig für diese Anlage. Paarungen solcher mischerbiger Tiere mit Kappigen ergeben offenbar zu 50 % kappige und zu 50 % mischerbig glattköpfige Nachzucht:

2 Weitere Erbfaktoren

0,1 \ 1,0	+	cr
cr	cr +	cr cr
cr	cr +	cr cr

An reinerbig glattköpfige Partner gepaart würden nur glattköpfige Jungtiere fallen. Zur Hälfte sind diese aber mischerbig für die Kappe:

0,1 \ 1,0	+	cr
+	+ +	+ cr
+	+ +	+ cr

Kappige Tiere untereinander gepaart ergeben nur kappige Jungtiere, auch wenn sie selbst aus glattköpfigen Eltern gefallen sein sollten:

0,1 \ 1,0	cr	cr
cr	cr cr	cr cr
cr	cr cr	cr cr

Abb. 149. Kasaner Tümmler, Weiß

Weitere Merkmale

Verhaltensanlagen

Über das Verhalten von Tauben untereinander haben Taubenzüchter wenig Illusionen und es war sicherlich kein Taubenzüchter, der die Taube zum Friedenssymbol erkor. So können wir schon in einer 1798 in Berlin erschienenen Schrift folgendens nachlesen:

„Beim Fressen ist sie neidisch, haut mit einem Flügel, und beißt ihren Nachbar so hart, daß bei dieser Beißerei die Federn davon fliegen. An ihrem Neste, und dem Orte, welchen sie des Nachts eingenommen, darf ihr keine andere Taube zu nahe kommen. Verläuft sich eine Junge in ein fremdes Nest, so wird sie so zerhackt, daß selbige öfters davon stirbt. Der Täuber leidet es nicht, wenn ein andrer sich seiner Taube nähert. Treten, oder begatten sich ein Paar, so fallen die andern Täuber über selbige her. Eine gepaarte Taube läßt sich von keinem als ihrem eigenen Täuber treten; aber ein Täuber tritt eine jede Taube, die es ihm nur erlaubt. Sobald sie zum zweitenmale Jungen haben, beißen sie die ersteren wie fremde; besonders sind sie böse gegen die Tauben, welche mit ihnen nicht auf einen Schlag gehören. Fast unter allen Thieren vertragen sich beide Geschlechter, oder solche, die auf einem Hofe oder in einem Stalle gehalten werden; aber bei den Tauben geschieht dies nicht, sondern sie leben in einem immerwährenden Kriege."

Abb. 149

In diesen Punkten hat sich bis heute nichts geändert, wenn es auch graduelle Unterschiede gibt, die zum Teil auf unterschiedliche Vitalität zurückzuführen sind und zum Teil bisher nicht erforschte genetische Ursachen haben mögen. Einige andere vom normalen abweichende Verhaltensweisen, die sich nicht auf das Betragen untereinander beziehen, sind etwas gründlicher untersucht worden.

Weitere Erbfaktoren

Untersuchungen über das genetische Verhalten von Rolleigenschaften (Überschlagen in der Luft) stützen die These, daß ein einziger nicht geschlechtsgebundener rezessiver Erbfaktor (ro) dieses spezifische Verhalten vieler Tümmler-Rassen hervorbringt. Die Intensität des Rollens und die Ausprägung des Rollens werden jedoch darüber hinaus entscheidend durch weitere modifizierende Faktoren geprägt. Der Unterschied von Boden-Rollern (die nicht mehr flugfähig sind und ihre Übungen vom Boden aus durchführen) und Flug-Rollern erscheint nur als eine Gradfrage der Rolleigenschaft. Das Bodenrollen ist danach eine extreme Ausprägung der Rolleigenschaft (Entrikin und Erway 1972).

Abb. 150

Das für einige Rassen typische ruckartige Schlagen des Halses, z. B. Stargarder Zitterhälse, scheint intermediär vererbt zu werden. Es ist bekannt, daß die erste Generation von Paarungen mit „nicht-schlagenden" Rassen Tiere erbringt, die das Schlagen nur andeuten. Rückkreuzungen dieser Jungtiere an Stargarder Zitterhälse bringen dann schon relativ gut schlagende Tiere. Ebenfalls intermediär, man kann auch sagen partiell dominant, scheint die besondere Lautäußerung der Trommeltauben vererbt zu werden (Vogel 1979).

Scheues Wesen scheint eine rezessive Eigenschaft zu sein. Damit könnte man sich zumindest das gelegentliche Auftreten solcher Tiere auch in Stämmen erklären, die sich durch ein ruhiges Wesen auszeichnen. Solche Tiere wirken insbesondere bei Reisetauben-Züchtern im Flugbetrieb ausgesprochen störend und dürften deshalb schnell ausgesondert werden. Daß mangelnde Intelligenz mit dieser Eigenschaft gekoppelt sein soll, ist mitunter behauptet worden, aber noch nicht nachgewiesen. Eine stabile Korrelation, eine unauflösbare Beziehung also, besteht auf jeden Fall nicht, was einige scheue Tiere mit hervorragenden Reiseleistungen nachgewiesen haben. Die Begriffe Koppelung und Korrelation werden in den nächsten Abschnitten näher behandelt.

Das Aufblasen des Kropfes der Kropftauben geht i. d. R. in der ersten Kreuzungsgeneration verloren, so daß ein rezessiver Erbgang vorzuliegen scheint. Gleiches gilt für Hängeflügeligkeit.

Abb. 150. Stargarder Zitterhals, Gelb
Abb. 151. Brieftaube (0,1), Schwimmfuß (Foto: Hollander)
Abb. 152. Polydactylie mit zusätzlichen äußeren Zehen – gemäßigt (Foto: Hollander)

Abb. 151

Das typische Balzverhalten der Ringschlagtauben – die Täuber umfliegen die stehende Täubin im engen Kreis – scheint durch mehrere rezessive Erbfaktoren gesteuert zu werden. Die Ringschlageigenschaft setzt sich bei Paarungen mit anderen Rassen erst nach mehreren Generationen wieder durch. Andere Verhaltensanlagen, über deren genetische Grundlage wenig bekannt ist, sind das Flügelstellen und Klatschen einiger Rassen, insbesondere der Kropftaubenrassen. Diese heben im Imponierflug die Flügel so hoch, daß die Spitzen zusammenstoßen und ein Klatschen entsteht. Danach schließt sich meist eine Gleitphase mit hocherhobenen Schwingen an. Auch von asiatischen Rollertauben und Hochflugtauben ist diese Erscheinung bekannt. Zu klären bleibt auch die Anlage für den Hochflug, das Verhalten als Truppflieger oder Soloflieger und die Vererbung anderer Flugstilarten sowie der Orientierungsfähigkeit.

Abschließend sollen noch die Faktoren Ataxia (at) und Erratic (er) erwähnt werden. Beide Faktoren rufen starke Störungen des Bewegungsablaufs hervor, bei Erratic sind zusätzlich Sehstörungen gegeben. Auf diesen Faktor wird im Zusammenhang mit dem Austesten von Erbanlagen intensiver eingegangen.

Sonstige

Abb. 152

Das Perlauge von Tümmlern und einigen anderen Rassen (tr) wird rezessiv und nicht geschlechtsgebunden vererbt. Für eine Reihe von Sehdefekten gilt gleiches, so für Futterblindheit (fb = feed-blind) und clumsy (cl). Letzterer Faktor bewirkt eine starke Minderung der Sehkraft, nicht nur bei der Futteraufnahme, und ein entsprechendes Verhalten der Tauben. Im Extremfall kommt vollkommene Blindheit vor, ohne daß bei solchen Tieren an den Augen äußerlich ein Defekt zu erkennen wäre.

Fehlende Bürzeldrüse wird ebenfalls rezessiv vererbt und hat das Symbol n (no oil gland) erhalten.

Amputated (am) bewirkt unterschiedliche Verkürzungen an Zehenenden, Flügelspitzen und Unterschnabel. Besonders häufig ist das Fehlen der Kralle an der Innenzehe an einem oder an beiden Füßen. Der Erbgang ist nicht geschlechtsgebunden rezessiv.

Weitere Erbfaktoren

Abb. 153

Abb. 154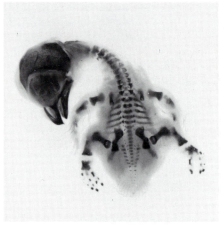

Abb. 155

Mikrophthalmie (mi) bewirkt eine Kleinäugigkeit, die meist mit Augenzittern und Blindheit verbunden ist. Der Erbgang ist rezessiv und nicht geschlechtsgebunden. Gleiches gilt für Cateract (ca), eine erblich bedingte Linsentrübung, und die folgenden Faktoren, z. B. die Abnormität Schwimmfuß (web-foot) mit dem Symbol w und Vielzehigkeit (Polydaktylie) mit dem Symbol py. Beim Schwimmfuß sind benachbarte Zehen durch eine Ausbildung der Zwischenhaut zusammengewachsen. Vielzehigkeit setzt die Lebenskraft der Tiere stark herab und ist bei vielen Rassen beobachtet worden. Es sind verschiedene genetische Typen entdeckt worden, z. B. bei Ausstellungskings (Show-Kings) in den USA ein Faktor, der das Symbol skpy erhalten hat.

Mit wl (web-foot Lethal) ist ein ebenfalls rezessiver aber geschlechtsgebundener Faktor mit ähnlicher Wirkung wie w gefunden worden (Hollander/Miller 1982). Die Wirkung des Faktors ist relativ variabel und meist, aber nicht immer, tödlich. Neben dem Fußbereich werden in unterschiedlichem Ausmaß auch die Augenlider, Körpergröße und allgemeine Vitalität beeinflußt.

Achondroplasia (ac) ist ein nicht geschlechtsgebundener Letalfaktor, der schon das Schlüpfen der Jungtiere verhindert. Abgestorbene Jungtiere sind vor allem durch verkürzte Gliedmaßen und verkürzten Schnabel gekennzeichnet. Dieser Faktor soll in vielen Stämmen amerikanischer King-Tauben für schlechte Aufzuchtergebnisse verantwortlich sein.

Abb. 153. Polydactylie, kurzbedunt in d ersten Lebenstagen, in der Regel letal ersten Monat (Foto: Hollander)

Abb. 154. Achondroplasia, letal vor d Schlupf (Foto: Hollander)

Abb. 155. Polydactylie mit zusätzlichen äu ren Zehen – extrem (Foto: Hollander)

3

Weitere Fragestellungen

Teil 3

Weitere Fragestellungen

Abb. 156. Brieftaube, Opalgehämmert mit Scheckfaktor (bläuliche Variante)

Faktorenkoppelungen

Es wurde bereits eingangs festgestellt, daß die Chromosomen Träger der Gene sind, die die Erbinformationen enthalten. Es hat sich nun herausgestellt, daß die gemeinsam auf einem Chromosom liegenden Gene nicht unabhängig voneinander vererbt werden, sondern gekoppelt sind. Bestimmte Gene werden also gruppenweise vererbt. Die Anzahl der Koppelungsgruppen wird durch die Chromosomenzahl bestimmt.

Diese Koppelung ist nun nicht fest, sondern zeigt durch den Faktorenaustausch (Crossing-over) eine Durchbrechung. Die Austauschhäufigkeit zwischen zwei bestimmten Genpaaren läßt sich in Erbversuchen messen, und anhand dieser festgestellten Austauschhäufigkeit läßt sich die Anordnung der Gene, die in einem Chromosom liegen, abschätzen. Die durch einen Faktorenaustausch entstandenen neuen Genzusammenstellungen bleiben ebenso fest gekoppelt wie die ursprünglich alte.

Als Beispiel für eine Koppelung soll die Kreuzung einer bindigen rezessiv opalen Täubin mit einem reinerbig blaugehämmerten Täuber angenommen werden. Reinerbig bezieht sich auf die Hämmerung (C C) und auf das Nicht-Vorhandensein von opal (+ +). Die erste vorne aufgestellte Grundregel „Zerlegung nach Faktorgruppen" ergibt, daß zwei Faktorgruppen (nicht zu verwechseln mit Koppelungsgruppen!) betroffen sind, nämlich 1. Gruppe: Zeichnung und 2. Gruppe: Opal (o bzw. +).

Die zweite Grundregel für die Untersuchung von Paarungen verschieden gefärbter Ausgangstiere, die isolierte Behandlung im Punnettschen Quadrat, ergibt, daß in der ersten Generation nur gehämmerte, nicht-opalfarbene Jungtiere erzielt werden. Diese Jungtiere ergeben untereinander gepaart offenbar 25 % bindige und 75 % gehämmerte Jungtiere, was man sich im Punnettschen Quadrat für die Zeichnung leicht deutlich machen kann. Laut Punnettschem Quadrat für Opal ergeben sich aus dieser Paarung auch 25 % opalfarbene und 75 % nicht-opalfarbene Jungtiere.

Abb. 156

Wenn diese Erbfaktoren für Opal und für die Zeichnungsanlagen unabhängig voneinander vererbt würden, so müßten etwa 25 % der bindigen Tiere opalfarbene sein und ebenfalls 25 % der gehämmerten Tiere. Bei 160 gezogenen Jungtieren wären das 10 bindige opalfarbene und 30 gehämmerte opalfarbene. Das tatsächliche Ergebnis bei solchen Kreuzungen wird nun deutlich davon abweichen. Es werden etwa 40 bindige opalfarbene fallen und kaum ein gehämmertes opalfarbenes Tier. Dieses ist ein Zeichen für das Vorliegen einer engen Koppelung von Zeichnungsanlagen und rezessiv Opal.

Eine bessere, aber nicht ganz korrekte Beschreibung des Erbganges wird möglich, wenn in der Kopfzeile und in der Kopfspalte des Quadrates nicht Gene, sondern Stücke von Chromosomen, d. h. Koppelungsgruppen abgetragen werden. Das opalfarbene Weibchen der Ausgangspaarung kann wie folgt charakterisiert werden:

$\boxed{\begin{matrix}o\\+\end{matrix}}\;\boxed{\begin{matrix}o\\+\end{matrix}}$ reinerbig rezessiv opal, bindige Zeichnung.

Der gehämmerte Täuber wird wie folgt charakterisiert:

$\boxed{\begin{matrix}+\\C\end{matrix}}\;\boxed{\begin{matrix}+\\C\end{matrix}}$ Nicht-opal, gehämmerte Zeichnung.

$\boxed{\begin{matrix}o\\+\end{matrix}}$ und $\boxed{\begin{matrix}+\\C\end{matrix}}$ werden nun als Koppelungsgruppe ins Punnettsche Quadrat übertragen:

0,1 / 1,0	o +	o +
+ C	+ o C +	+ o C +
+ C	+ o C +	+ o C +

3

Weitere Fragestellungen

Die Nachzucht ist offenbar wegen der Rezessivität von o gegenüber + nicht-opalfarben und wegen der Dominanz von C über + gehämmert. Die Paarung dieser Nachkommen untereinander ergibt:

0,1 \ 1,0	+ C	o +
+ C	+ + C C	+ o C +
o +	o + + C	o o + +

Es entstehen offenbar 25 % opalfarbene Tiere (o o), und es entstehen auch offenbar 25 % bindige Tiere (+ +) für die Zeichnung.

Es zeigt sich aber auch, daß beide Eigenschaften offenbar in den gleichen Tieren vereint sind, d. h. in dem rechten unteren Feld des Punettschen Quadrates. Opalgehämmerte Tiere fallen in diesem Beispiel in der Nachzucht nicht an. Wie oben bereits angedeutet, trifft dieses nicht ganz die Realität.

In der Wirklichkeit ist die Koppelung nicht ganz so starr wie hier dargestellt. Durch den sog. Faktorenaustausch entstehen auch einige opalgehämmerte und einige bindige Tiere, die nicht reinerbig opal sind und damit ein normales Taubenblau zeigen. Es ist also nicht unmöglich, diese Typen zu erhalten, die Wahrscheinlichkeit dafür ist lediglich herabgesetzt.

Man hätte die Jungtiere der ersten Generation in diesem Fall auch an bindige opalfarbene Tiere zurückpaaren können, und für einen Test wäre es auch die bessere Methode. Aus einer solchen Paarung erhält man im Durchschnitt 50 % Opalfarbene und 50 % Nicht-Opalfarbene und im Hinblick auf die Zeichnung ebenfalls 50 % Bindige und 50 % Gehämmerte. Bei unabhängigen, nicht gekoppelten Erbanlagen müßte man je ein Viertel opalgehämmerte, opalbindige, blaugehämmerte und blaubindige Tiere erhalten. Der empirische Befund wird bei einer größeren Zahl an Nachkommen auch hier deutlich von einer so berechneten Aufteilung abweichen. Es werden fast 50% opalbindige und fast 50% blaugehämmerte Jungtiere anfallen und nur 3–4% der anderen beiden Typen.

Den Koppelungsbruch kann man durch eine Überlagerung der nebeneinander liegenden Chromosome bei der Keimzellenbildung veranschaulichen. Die Abbildung 157 zeigt, wie das Chromosomenpaar eines Elternteils für das vorgegebene Beispiel aussehen könnte.

Abb. 157

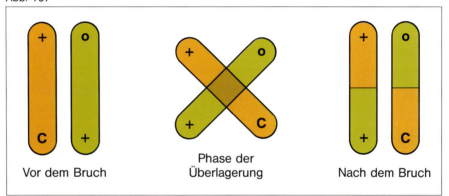

Abb. 157. Schematische Darstellung eines Koppelungsbruches

Da in der Regel eine ganze Anzahl von Genen auf einem Chromosom angesiedelt sind, sind mehrfache Koppelungsbrüche gleichzeitig möglich.

Bei Tauben sind bisher vor allem zwei Koppelungsgruppen untersucht worden. Die erste ist hier bereits angesprochen worden mit dem Chromosom, auf dem die Eigenschaft Rezesiv Opal liegt und auf dem ebenfalls die Zeichnungsanlagen liegen. Auf dem gleichen Chromosom liegt auch die Anlage für den Ausbreitungsfaktor für Farbe (S), wobei die Koppelung dieser Anlage mit den anderen jedoch nicht so eng ist. Das bedeutet, daß ein Faktorenaustausch häufiger stattfindet. Für die Lage der Gene auf dem Chromosom wird daraus geschlossen, daß sie weiter auseinander liegen. Das zweite Chromosom beinhaltet alle geschlechtsgekoppelten

3 Weitere Fragestellungen

Anlagen. Auf diesem Chromosom finden sich die oben diskutierten Gene zur Bestimmung der Grundfarbe (B^A, +, b), für Almond, Faded sowie Qualmond und Hickory (St, St^F, St^Q, St^H, +), für die Verdünnung des Pigments (+, d, d^p) und der Faktor für Reduced bzw. das Allel dazu (r, +). Hinzu kommt wl. Eine dritte Koppelungsgruppe scheint für einige Federstrukturen vorzuliegen, wie vorläufige Untersuchungen über den Zusammenhang von Haube (cr) und Augenschirmen (ec) bei Pommerschen Schaukappen ergeben haben. Federfüßigkeit scheint nicht zu dieser Gruppe zu gehören. (Sell 1977).

Abb. 158

Geschlechtschromosom

Zeichnungschromosom

In Anlehnung an Miller/Hollander, 1978, kann man die Darstellung in Abbildung 158 für die beiden wichtigsten Koppelungsgruppen zur Stützung der Vorstellungskraft benutzen.

Für die Zuchtpraxis bedeuten Koppelungsgruppen natürlich, daß es schwierig werden kann, bestimmte Erbfaktoren miteinander zu kombinieren bzw. zu trennen. Man muß mitunter sehr zahlreiche Nachzucht ziehen, um einen Bruch der Koppelung zu erreichen.

Korrelationen

Koppelungsgruppen sind dadurch gekennzeichnet, daß diese Koppelungen im Erbgang gelegentlich durchbrochen werden und daß die neue Genzusammenstellung so fest wie die alte ist. Genetische Korrelationen dagegen liegen dann vor, wenn ein Erbfaktor untrennbar zwei oder mehrere Eigenschaften hervorruft, wie es etwa bei Smoky der Fall ist. Die Wirkung eines Erbfaktors auf mehrere Eigenschaften wird auch als Polyphänie oder Pleiotropie bezeichnet.

Bei den Koppelungsgruppen kann man in der Zucht darauf hoffen, daß irgendwann einmal ein Bruch auftritt. Bei Korrelationen ist diese Hoffnung vergebens und deshalb können unsachgemäß vorgegebene Zuchtanforderungen die Züchter vor unlösbare Aufgaben stellen. Beispiele sind die Forderung nach einer hellen blauen Färbung bei Blaubindigen und der gleichzeitige Wunsch nach einem hellen Wachsschnabel, die Forderung

Abb. 159

nach einer hellen und sauberen Färbung bei brieftaubenroten Farbenschlägen wie Rotfahl und Dominant Rot bei der gleichzeitigen Forderung nach einem dunklen Schnabel bei den Täubern, Forderungen nach dunklen Schwingen und weißen Latschen bei der Gazzi-Scheckung. Sehr enge Koppelungen bei relativ „jungen" Erbfaktoren können allerdings auch leicht mit Korrelationen verwechselt werden.

Merkmale, die stets gemeinsam auftreten, findet man bei vielen Scheckungen. So ist ein farbiger Stirnfleck (Schnippe) bei schwarzen und blauen Farbenschlägen der Farbentauben mit einem dunklen Oberschnabel verbunden, gleiches gilt für die farbige Kopfplatte z. B. bei Nürnberger und Thüringer Schwalben. Die weiße Kopfplatte, z. B. beim Thüringer Mäuser, bewirkt bei schwarzen und blauen Farbenschlägen dagegen einen hellen Oberschnabel, der Unterschnabel ist wie das übrige Gefieder dunkel gefärbt. Rote und gelbe Farbenschläge dieser Rassen zeigen dagegen durchweg helle Schnäbel, wie es auch bei allen Farbenschlägen mit der Weißkopfscheckung der Fall ist.

3
Weitere Fragestellungen

Abb. 160

Abb. 161

Abb. 158. Lage gekoppelter Gene auf dem Geschlechtschromosom und dem Zeichnungschromosom

Abb. 159. Hanakröpfer, Blau (Gazzi-Scheckung)

Abb. 160. Thüringer Mäusertaube, Schwarz (Foto: Wolters)

Abb. 161. Nürnberger Schwalbe, Schwarz

3 Weitere Fragestellungen

Vielgenige Bestimmung eines Merkmals (Polygenie) bei quantitativen Merkmalen und Federstrukturen

Abb. 162. Prager Tümmler, Schwarzer Gansel (Geelstert mit weißem Kopf und Latz)

Vorbemerkungen

Die Ausgestaltung eines Merkmales wird mehr oder minder stark durch das Zusammenwirken mehrerer Gene bestimmt, wenn die Grundstruktur auch oft befriedigend durch Betrachtung nur eines Erbfaktors erklärt werden kann. Von besonderer Bedeutung für die Tierzucht sind Fälle, in denen die Ausprägung eines Merkmals durch das Vorhandensein mehrerer unterschiedlicher Genpaare mit einer gleichsinnigen Wirkung verstärkt wird. Man spricht in diesen Fällen von additiver Polygenie. Diese additiven Gene spielen bei den Zuchtmethoden der Wirtschaftsgeflügelzüchter eine große Rolle und werden bei der Vererbung von Leistungseigenschaften kurz angesprochen. Es ist wohl sicher, daß additive Gene auch bei der Vererbung „qualitativer" Merkmale wie Kappe und Fußbefiederung eine Bedeutung haben, wenn auch die grundsätzliche Ausbildung dieser Merkmale, wie oben bereits gezeigt wurde, befriedigend durch einen oder durch wenige Erbfaktoren erklärt werden kann. Die größenmäßigen Unterschiede solcher als „qualitativ" eingestufter Merkmale sind bei einzelnen Tieren beträchtlich, und diese Unterschiede sind auch erblich, wie umfangreichere statistische Untersuchungen der Vererbung der Muschelkappe und der Augenschirme bei Pommerschen Schaukappen gezeigt haben. Von „qualitativen" Merkmalen spricht man, wenn es wie in den meisten oben aufgeführten Beispielen um die Existenz oder um die Nicht-Existenz eines Merkmals geht (z. B. Kappe oder glattköpfig). Bei quantitativen Merkmalen liegt dagegen eine meßbare Abstufung der Ausprägung des Merkmals vor, z. B. Körpergewicht. Diese Unterscheidung ist aber, wie hier angedeutet wurde, in vielen Fällen willkürlich, da eben viele sog. „qualitative" Merkmale auch eine „quantitative Dimension" besitzen.

Schnabellänge

Im Vergleich zu dem Aufwand, der bei der Analyse der Taubenfärbung betrieben wurde, sind die quantitative Dimension von Federstrukturen, der sonstigen Körperbeschaffenheit und auch das Verhalten stiefmütterlich behandelt worden. Dieses, obwohl schon in der Frühphase der Taubenge-

Abb. 162

netik interessante Ergebnisse veröffentlicht wurden. Die ersten gründlicheren Untersuchungen, die in deutscher Sprache zu diesem Komplex veröffentlicht wurden, stammen von den Norwegern Christie und Wriedt (1923, 1927).

Ihr Interesse galt u. a. der Schnabellänge, die Christie und Wriedt als Abstand zwischen Schnabelspitze und dem nicht befiederten Mundwinkel gemessen haben. Zur Paarung benutzt wurden norwegische Petenten (Schildmövchen) mit einer Schnabellänge von 17–20 mm, im Mittel 18,2 mm. Es handelte sich also nicht um besonders kurzschnäblige Tiere. Kreuzungspartner waren Dänische Tümmler mit einer Schnabellänge von 20–24 mm, im Mittel 22,3 mm. Die erste Generation (F_1) und auch die F_2 brachte Nachkommen mit einer Schnabellänge von 18–20 mm und dies wurde als partielle Dominanz für den mittellangen Schnabel der Dänischen Tümmler interpretiert. Die Rückpaarung der F_1 an kurzschnäblige Eltern brachte etwa zur Hälfte kurzschnäblige Jungtiere, Rückpaarungen an den mittelschnäbligen Elternteil ebenfalls etwa die Hälfte mittelschnäblige Jungtiere.

Der kurze Schnabel wird deshalb auf einen partiell rezessiven Erbfaktor zurückgeführt, für den das Symbol ku gewählt wurde. Genauer betrachtet weisen die von den Autoren gegebenen Ergebnisse darauf hin, daß ihrer Einschränkung, daß neben ku noch ein oder mehrere modifizierende Faktoren wirksam sind, doch einiges Gewicht zu geben ist. So waren die Schnäbel der Rückpaarungen an Petenten im Mittel mit 18,8 mm deutlich länger als beim Ausgangsmaterial (58 Nachkommen) und die Schnäbel der Rückpaarungen an die mittelschnäbligen Eltern mit 21,3 mm im Durchschnitt (53 Nachkommen) deutlich kürzer als beim mittelschnäbligen Ausgangsmaterial. Die Einordnung unter die vielgenig bestimmten Merkmale erscheint deshalb angebracht. Hollander (1983) macht darauf aufmerksam, daß die Ergebnisse u. U. auch auf einen geschlechtsgebundenen Erbgang hindeuten können.

Federlänge

Die beiden norwegischen Autoren legten ebenfalls interessante Ergebnisse über die Vererbung der Federlänge bei den Perückentauben vor. Die Halsfederlänge der Perücken und die der Kreuzungspartner wurde bei

3 Weitere Fragestellungen

aufgerichtetem Hals dadurch gemessen, daß der Maßstab auf der Rückseite des Halses bei dem Übergang zwischen Hals und Rücken senkrecht zur Halsrichtung an die Haut gelegt wurde (Christie und Wriedt 1927). Für 17 Individuen mit normaler Federlänge fanden sie im Nestkleid im Mittel 3,08 cm, als Alttiere zeigten sie 3,22 cm. Die für die Paarungen benutzten Perücken zeigten eine Federlänge von 6 cm. Messungen bei dänischen Perücken zeigten 6–8 cm, die englischen waren den dänischen mit 6,2–9,6 cm überlegen. Es zeigte sich also innnerhalb der Rasse eine relativ weite Variationsbreite. Die Ergebnisse der Versuche wurden als unvollständige Dominanz der langen Befiederung interpretiert: Die F_1 zeigte eine Federlänge von 4,0–5 cm. Rückpaarungen dieser F_1 an Tiere mit normaler Federlänge ergaben eine Befiederungslänge von 3,0–4,5 cm mit einem Mittelwert von 3,56. Rückpaarungen an Perücken brachten Jungtiere mit einer Federlänge von 5–6,5 cm, was sogar über das Ausgangsmaterial z. T. hinausgeht. Die Ergebnisse deuten darauf hin, daß mehrere Faktoren, wenn auch wenige, für die Federlänge verantwortlich sind.

Was kann man daraus für die praktische Zucht entnehmen? Als Ergebnis der Untersuchungen, denen ähnliche in bezug auf Schwanzfederzahlen, Fußbefiederung und Körpergröße zur Seite stehen (Harms 1939), bleibt festzuhalten, daß die Einkreuzung fremder Rassen etwa zur Einführung bisher in der Rasse nicht vorhandener Erbfaktoren oder zur Verbesserung der Vitatität bei gezielten Rückpaarungen offenbar auch bei Rassen mit ausgeprägten quantitativen Merkmalen ohne Schädigung der wesentlichen Standardeigenschaften möglich ist. Die Standardeigenschaften erscheinen in der Nachzucht sehr schnell wieder. Voraussetzung für solche erfolgreiche Einpaarungen dürfte aber immer sein, daß man für diese Paarungen die jeweils besten Tiere verwendet.

Halskrause

Das Zusammenwirken mehrerer Erbfaktoren zum Hervorbringen oder zur Verstärkung eines Merkmals kann man wie bei den Färbungen auch für Federstrukturen und andere Eigenschaften mit Hilfe mehrerer Punnettscher Quadrate deutlich machen. Mit Hilfe dieser Quadrate kann man schnell aufzeigen, wie nach den Gesetzen der Wahrscheinlichkeit die F_2-Generation und Rückpaarungen der F_1-Generation an die jeweiligen Elterntiere aufspalten müssen, wenn ein, wenn zwei oder wenn eine größere Anzahl von Genen gemeinsam ein Merkmal hervorbringen. Die durch Testpaarungen erzielten Aufspaltungen sind dann mit den theoretisch erwarteten zu vergleichen, um Hinweise auf die Erbstruktur zu gewinnen. Aussagekräftige Ergebnisse sind allerdings nur bei einer großen Anzahl von Nachkommen zu erhalten. Bei dem im folgenden dargestellten Beispiel der Halskrause deutet vieles darauf hin, daß dieses Merkmal durch zwei rezessive Erbfaktoren bestimmt wird. Auf ähnliche Art und Weise wie in diesem Beispiel kann man auch andere Merkmale analysieren, wobei man ggf. auch intermediäre oder dominante Erbfaktoren in die Überlegung einbeziehen müßte.

Weitere Fragestellungen

Wenn man annimmt, daß die Halskrause durch zwei rezessive Faktoren kr_1 und kr_2 bestimmt wird, so folgt in den Punnettschen Quadraten für die erste Generation mit Glattbrüstigen:

0,1 / 1,0	kr_1	kr_1
+	+ kr_1	+ kr_1
+	+ kr_1	+ kr_1

0,1 / 1,0	kr_2	kr_2
+	+ kr_2	+ kr_2
+	+ kr_2	+ kr_2

Alle Jungtiere sind mischerbig für beide Anlagen und glattbrüstig. Die F_2-Generation würde wie folgt aufspalten:

3 Weitere Fragestellungen

	+	kr_1
+	+ +	+ kr_1
kr_1	kr_1 +	kr_1 kr_1

	+	kr_2
+	+ +	+ kr_2
kr_2	kr_2 +	kr_2 kr_2

Ein Viertel der Jungtiere in jedem Punnettschen Quadrat wäre reinerbig für die Anlage der Halskrause (kr_1 bzw. kr_2). Bei unabhängig voneinander vererbten Genen würde das bedeuten, daß von den reinerbigen Tieren für kr_1 ein Viertel auch reinerbig für kr_2 ist (kr_1 kr_1; kr_2 kr_2). Das bedeutet, daß insgesamt ein Sechzehntel der F_2 eine Halskrause zeigen müßte.

Rückpaarungen der F_1 an die glattbrüstigen Eltern würden nur glattbrüstige Jungtiere ergeben. Rückpaarungen der F_1 an Tiere mit Halskrause führen dagegen zu folgenden Ergebnissen:

	+	kr_1
kr_1	kr_1 +	kr_1 kr_1
kr_1	kr_1 +	kr_1 kr_1

	+	kr_2
kr_2	kr_2 +	kr_2 kr_2
kr_2	kr_2 +	kr_2 kr_2

Die Hälfte der Nachzucht ist reinerbig für kr_1 und die Hälfte ist ebenfalls reinerbig für kr_2. Bei unabhängigen Genen müßte die Hälfte der für kr_1 reinerbigen Jungtiere auch reinerbig für kr_2 sein, das heißt insgesamt ein Viertel der Nachzucht.

3 Weitere Fragestellungen

Diesen theoretisch zu erwartenden Ergebnissen stehen die folgenden von Christie und Wriedt (1923) gegenüber:

Alle 68 Individuen der F_1 waren glattbrüstig. Von der F_2 waren 59 glattbrüstig, drei hatten eine Krause. Das entspricht einigermaßen dem theoretisch erwarteten Anteil von einem Sechzehntel. Die Rückpaarung der F_1 an Tiere mit glatter Brust ergab nur glattbrüstige Nachzucht, die Rückpaarung der F_1 an Tiere mit Krause spaltete auf in 40 mit glatter Brust und 25 mit Krause, was von der theoretisch erwarteten Quote eines Viertels mit Halskrause (= 16–17 Individuen) nach oben abweicht. Dieses könnte als zufällige Abweichung gedeutet werden. Eine solche Interpretation scheint zumindest so plausibel wie die Vermutung der Autoren, daß bei der F_2-Generation einige Fehlklassifikationen vorgekommen sein könnten. Einige Tiere mit sehr schwach entwickelter Krause könnten demnach irrtümlich als glattbrüstig eingeordnet worden sein, so daß möglicherweise doch nur ein einziger rezessiver Faktor mit dem Symbol kr wirksam wäre.

Man könnte bei diesem und bei ähnlich gelagerten Fällen auch vermuten, daß es für die Ausprägung des Merkmals genügt, wenn einer der Erbfaktoren in Reinerbigkeit und der andere in Mischerbigkeit vorhanden ist, um eine relativ schwache Ausprägung des Merkmals zu bewirken. Wenn man die Möglichkeit in Betracht zieht, daß die verantwortlichen Gene auch gekoppelt sein könnten, so wird die Analyse zusätzlich erschwert und man muß eine sehr große Anzahl an Jungtieren ziehen, um zu verläßlichen Aussagen zu gelangen.

Für die Zuchtpraxis bedeuten die Ergebnisse auf jeden Fall, daß man auch bei polygen bestimmten Merkmalen vor keinen unüberwindlichen Zuchtschwierigkeiten steht. Die Ausrichtung auf solche Merkmale in der Zucht macht es jedoch notwendig, eine größere Anzahl von Jungtieren aufzuziehen, um einige mit diesem erwünschten Merkmal für die Weiterzucht zu erhalten. Es zeigt sich auch, und darauf deuten auch andere Untersuchungen bei Federstrukturen hin, daß Rückpaarungen der F_1 an Partner mit dem polygen bestimmten Merkmal zur Sicherung einer guten Ausprägung des Merkmals erfolgversprechender sind als eine Aufspaltung der F_1.

3 Weitere Fragestellungen

Vererbung von Leistungsanlagen

Die Vererbung von Leistungsanlagen bei Tauben ist noch ein weitgehend unerforschtes Gebiet, obwohl es für Brieftaubenzüchter und für andere Flugtaubenzüchter von größtem Interesse wäre, hier mehr zu wissen. Die Gründe für den geringen Wissensstand auf diesem Gebiet dürften zum einen darin liegen, daß wegen des relativ geringen ökonomischen Nutzens kein großer Anreiz für die Forschung besteht. Die Leistung einer Brieftaube ist auch vergleichsweise schwer unter objektiv gleichen Bedingungen zu messen. So lassen sich die Leistungsmerkmale bei Kühen z. B. auf Fett- und Milchleistung reduzieren und messen, bei Hühnern auf Eizahl und Eigewicht usw., ohne daß bei einer größeren Tierzahl bedeutendere ungleiche Umweltbedingungen auftreten. Die Gefahr ist also nicht so sehr groß, daß ungleiche Umweltbedingungen die genetisch bedingten Unterschiede in der Leistung so stark überdecken, daß bei einer begrenzten Tierzahl sinnvolle Aussagen unmöglich werden. Bei Brieftauben sind die Störgrößen, die auf die Flugleistung – z. B. gemessen an den geflogenen Preisen in einer Saison – wirken können, wesentlich schwerwiegender (Greifvögel, Verdrahtung, Fütterungs- und Haltungsbedingungen, Neststand u. a.). Schließlich ist die Leistung, die eine Brieftaube zu erbringen hat, vielleicht auch besonders vielseitig. Gefordert werden neben der körperlichen Voraussetzung auch Härte, Orientierungssinn usw. Es sind also eine Vielzahl von Erbfaktoren zu steuern, die diese komplexen Eigenschaften beeinflussen. Die Erbanalyse wird zudem durch eine meist geringe Zahl an Nachkommen pro Tier erschwert. An diesem letzten Punkt setzt der Vorschlag Beuings (1979) an, die besten Täuber eines Schlages in einem Rotationsverfahren mit möglichst vielen Weibchen des Schlages zu verpaaren. Die Anzahl der für die Zucht verwendeten Täuber wird damit u. U. zwar erheblich reduziert, dafür wird aber eine genauere Abschätzung des Zuchtwertes der eingesetzten Tiere anhand der Leistungen der Nachkommen möglich.

Bei den folgenden Überlegungen wird davon ausgegangen, daß Leistungsanlagen bei Brieftauben und anderen Rassen nicht wesentlich anders vererbt werden als die Anlagen, die man sehen und messen kann, also am Erscheinungsbild ablesbar sind. Die Kenntnis der Vererbungsgesetze bietet dann auch eine Hilfestellung für die Zucht auf Leistung.

3 Weitere Fragestellungen

Eine Gruppe von Theorien über die Leistung von Brieftauben knüpft am Gedanken der Koppelung von Genen an. Wenn in der Vergangenheit einmal ein hervorragendes Tier in einem Stamm aufgetreten ist, das ein bestimmtes Merkmal – ein weißer Punkt im Kopfbereich, eine weiße Schwinge, eine bestimmte Färbung – besessen hat, so wird das Wiederauftreten solcher Merkmale in späteren Generationen oft als Zeichen besonderer Güte des betreffenden Tieres angenommen. Es ist nun natürlich unwahrscheinlich, aber nicht unmöglich, daß bestimmte die Leistung beeinflussende Merkmale mit dem äußeren Erscheinungsbild verknüpft sind. Da es aber genügend hervorragende Reisetiere geben dürfte, die dieses Merkmal nicht besitzen, kann eine genetische Korrelation zwischen Leistung und dem jeweiligen Merkmal ausgeschlossen werden. Falls wir es aber tatsächlich mit einer Koppelung zu tun haben, so ist nach der obigen Diskussion über Koppelungsgruppen klar, daß ein einmal vor Generationen vorhandener positiver Zusammenhang durch den Prozeß des Faktorenaustausches zerstört worden sein kann. Äußerliche Ähnlichkeiten mit Spitzenfliegern früherer Generationen sollten daher nur vorsichtig als Hinweis auf die Richtigkeit der Abstammung interpretiert werden, nicht aber unbedingt als Zeichen besonderer Güte.

Ob stabile Korrelationen zwischen Leistung und äußerlichen Merkmalen bestehen, ist beim heutigen Erkenntnisstand wohl eine Glaubenssache, wenn von deutlich erkennbaren leistungshemmenden Deformationen einmal abgesehen wird. Augentheoretiker und Flügel-Spezialisten sowie sonstige Klassifizierer sämtlicher Couleur glauben an die Existenz stabiler Korrelationen, andere vertrauen lieber der Auslese durch den Reisekorb. Wissenschaftlich nachgewiesene Korrelationen existieren nicht.

Ein Spitzenflieger muß natürlich bestimmte körperliche Mindestvoraussetzungen mitbringen. Nach aller Erfahrung gehört eine Festigkeit des Körpers dazu und eine gewisse Kompaktheit. Fast alle Spitzenflieger zeigen einen kurzen Hinterflügel und einen langen aktiven Flügel. Wenn man den Flügel öffnet, so ist die 10. Schlagfeder erster Ordnung deutlich länger als die sich anschließenden Schwingen 2. Ordnung und die Schlagfedern

3 Weitere Fragestellungen

sind auch relativ breit. Die so oft geforderte Festigkeit des Rückens und ein enges Becken – bei Täubern ohnehin enger – ist bei vielen Spitzentieren nicht vorhanden. Gefieder- und Augenfärbung sind prinzipiell unerheblich. Auch seltene Brieftaubenfarben wie Braunfahl, Indigoblau- und Indigogehämmert haben nachweislich schon hervorragende Leistungen erbracht. Es ist aber klar, daß eine bewußte Zucht auf Schönheitsattribute – und dazu gehört auch die Bevorzugung und die Ablehnung bestimmter Farben – eine Selektion auf Leistung erschwert.

Die meisten für Brieftauben interessanten körperlichen Merkmale dürften intermediär vererbt werden und genauere Untersuchungen würden vermutlich ergeben, daß mehrere Erbfaktoren beteiligt sind. Dieses gilt für die Körpergröße und -form, die Schwanzbreite und andere Merkmale. Der kurze Hinterflügel scheint rezessiv vererbt zu werden, so daß dieses Merkmal in der Zucht keine großen Probleme aufwirft, wenn die Eigenschaft erst einmal im Stamm verankert ist.

Die entscheidenden Anlagen wie Orientierungssinn und Härte sind natürlich auch erblicher Natur – auch durch die beste Auslese auf körperliche Eigenschaften wird man aus einem Stamm von Feldflüchtern keine Reisetauben schaffen können! Diese Eigenschaften genau zu definieren fällt aber schon schwer und eine objektive Messung grenzt ans Unmögliche. Der jetzige Leistungsstand und die Tatsache, daß die Bestände heute so gut durchgezüchtet sind, daß praktisch jedes Jungtier eine Mindestreiseeignung mitbringt, ist dadurch erreicht worden, daß über Jahrzehnte eine Auslese nach Leistung erfolgte. Leistungsmindernde dominante Eigenschaften werden so sehr schnell eliminiert, bei rezessiven leistungsmindernden Eigenschaften wird nach einigen Generationen ebenfalls durch den Reisekorb eine weitgehende Verdrängung erfolgt sein. Die Zucht aus den jeweils leistungsstärksten Fliegern garantiert auch demjenigen, der sich wenig um Abstammung und körperliche Eigenschaften kümmert, daß solche Erbanlagen, die im Fall der Mischerbigkeit leistungssteigernd wirken, im Stamm mit allen relevanten Allelen erhalten bleiben. Auf diese Zusammenhänge wird im Abschnitt über die Züchtungspraxis (siehe Seite 162) noch einzugehen sein.

Da es auch bei den Brieftauben wie in der Wirtschaftsgeflügelzucht um Leistungseigenschaften geht, haben die dort gewonnenen Erkenntnisse über additive Gene und den Heterosis-Effekt ebenfalls Einfluß auf die angewandten Zuchtmethoden genommen. Unter Heterosis vesteht man den Effekt, daß bei Kreuzungen zwischen zwei Rassen die Nachzucht mitunter bei bestimmten Eigenschaften wie Gewicht, Frohwüchsigkeit, Fruchtbarkeit und Widerstandskraft beiden Eltern überlegen ist. Nun sind aus der Sicht der Vererbungslehre betrachtet auch Angehörige einer Rasse trotz äußerlicher Ähnlichkeit nicht vollkommen erbgleich. Trotz äußerlicher Ähnlichkeit können sie für viele Leistungseigenschaften ein gänzlich anderes Erbbild besitzen. Die Paarung von Tieren aus unterschiedlichen Linien oder Stämmen kann daher ebenfalls einen Heterosiseffekt auslösen. Auf die daraus folgenden Möglichkeiten für die Züchtungspraxis wird bei der Diskussion der sogenannten Gebrauchskreuzungen (siehe Seite 178) einzugehen sein.

Populationsgenetik

Nachdem die Mendelschen Regeln wiederentdeckt wurden, wurde versucht, die Vererbung wichtiger Merkmale durch ein oder wenige Genpaare zu erklären. Es hat sich aber bei diesen Untersuchungen gezeigt, daß einige wenige Faktoren zwar zur Erklärung von Farbmerkmalen und einigen Strukturmerkmalen ausreichen, nicht aber zur befriedigenden Erklärung von quantitativen Merkmalen wie Gewicht, Größe usw. Diese Eigenschaften werden offenbar, wie im vorigen Abschnitt angedeutet, durch eine größere Anzahl von Genen wesentlich beeinflußt, deren Wirkung man mit biometrischen Methoden in größeren Beständen (Populationen) nachzuweisen versuchte. Biometrische Methoden und die Theorie Mendels stehen sich dennoch nicht unvereinbart gegenüber, wie schon 1908 durch den Stuttgarter Arzt Weinberg dargestellt wurde. So beruht die Populationsgenetik auf den Mendelschen Regeln, mit denen das Verhalten von Genen und Genotypen in Populationen erklärt werden kann. Es ist deshalb auch nicht sinnvoll, einen Widerspruch zwischen „mendelnden" Merkmalen und der Populationsgenetik konstruieren zu wollen und die Erkenntnisse der auf Mendel beruhenden Vererbungstheorie als bedeu-

3

Weitere Fragestellungen

tungslos für die Zucht auf Leistung hinzustellen. Interessanterweise besteht zudem in jüngster Zeit wieder ein wachsendes Interesse an Einzelgenwirkungen in der Tierzucht. So konnte die Leukoseresistenz in der Rinderzucht auf die Wirkung weniger Gene zurückgeführt werden, und dieses zeigte sich auch bei anderen virusbedingten Infektionskrankheiten wie der Marekschen Geflügelkrankheit. Diese Ergebnisse werden dazu führen, daß den Einzelgenwirkungen wieder verstärkt Aufmerksamkeit geschenkt wird.

4

Züchtungspraxis

Teil 4

Züchtungspraxis

Insbesondere bei der Darstellung der Färbungen wurde bereits gezeigt, daß die Kombination verschiedener vom Wild-Typ abweichender Erbfaktoren sehr interessante neue Erscheinungsbilder hervorbringen kann. Ein Beispiel hierfür ist die Almondfärbung. In anderen Fällen erscheint die Kombination nicht besonders attraktiv (z. B. einfarbig Braun und Indigo), in manchen Fällen unterscheidet sich die Kombination kaum vom jeweiligen Erscheinungsbild bei Vorliegen nur eines Erbfaktors (z. B. reinerbig bindige und gehämmerte Indigo und Rotfahle bzw. Rotfahlgehämmerte). In anderen Fällen können sich die Erbfaktoren bei gleichgerichteter Wirkung verstärken (z. B. Toy- und Orient-Stencil). Es kommt auch häufig vor, daß ein Erbfaktor einen anderen oder mehrere andere überdeckt, sie nicht zur Wirkung kommen läßt. So überdeckt z. B. Dominant Rot Modena Bronze, Rezessiv Rot die Grundfarben und in der Regel auch die Zeichnungen. Einer zu starken Anhäufung von Abweichungen vom Wild-Typ in einem Individuum scheint die Natur allerdings dadurch einen Riegel vorgeschoben zu haben, daß die Lebenskraft durch eine Anhäufung abzunehmen scheint.

Eine Kombination von Erbfaktoren, die unterschiedlichen Gruppen von Allelen angehören, läßt sich nach den oben dargestellten Gesetzmäßigkeiten leicht durchführen. Wenn man z. B. zwei rezessive Erbfaktoren miteinander kombinieren will, so werden in der ersten Generation beide Erbfaktoren nicht im Erscheinungsbild erkennbar sein. So gibt z. B. die Paarung von Platin mit dem Silber der Lahore (Milky-Silber) schwarze Nachzucht. Die Aufspaltung in der zweiten Generation wird dann bei solchen Paarungen einige Tiere ergeben, die für beide Erbfaktoren reinerbig sind und die gewünschte Kombination darstellen.

Im folgenden soll zunächst anhand einiger Beispiele gezeigt werden, welche züchterischen Möglichkeiten sich bei Anwendung der aufgezeigten Vererbungsregeln ergeben. Eine Übertragung dieser Gedankengänge und Experimente auf ähnlich gelagerte Fragestellungen sollte leicht möglich sein.

Kombinationskreuzungen innerhalb einer Rasse

In vielen Fällen lassen sich aus den in einer Rasse vorhandenen Farbenschlägen ohne Einkreuzung anderer Rassen weitere Farbenschläge hervorbringen. So läßt sich anhand der eingangs diskutierten Vererbungsregeln leicht nachweisen, daß aus blaugehämmerten und rotfahlen Tauben einer Rasse schon in der ersten Generation der „neue" Farbenschlag Rotfahlgehämmert erzielt wird. Aus gelbfahlen und blauen Orientalischen Rollern z. B. lassen sich schon in der ersten Generation rotfahle erzielen.

Um von bindigen blaufahlen und blauhohligen Lahore zu blaufahlen ohne Binden zu gelangen, benötigt man demgegenüber mindestens zwei Generationen, wie kurz dargelegt werden soll. Die Paarung eines blaufahlen bindigen Täubers mit einer blauhohligen Täubin ergibt bei Reinerbigkeit des Täubers für die Binden offenbar blaubindige Täuber und blaufahle bindige Täubinnen. Es ist bei dieser Paarung wegen der geschlechtsgebundenen Vererbung des Verdünnungsfaktors also wichtig, welchem Farbenschlag der Täuber und welchem die Täubin entstammt. Die Jungtiere der 1. Generation (F_1-Generation) unter sich gepaart ergeben als sog. F_2-Generation dann etwa ein Achtel blaufahle Jungtiere ohne Binden in beiden Geschlechtern.

Weitere ähnlich gelagerte Beispiele kann man leicht mit Hilfe der Methode der Punnettschen Quadrate diskutieren. Durch Probieren mit diesen Quadraten läßt sich gegebenenfalls bei etwas Übung leicht der beste Zuchtplan für solche Kombinationskreuzungen entwerfen.

Einführung von Erbfaktoren aus anderen Rassen

Einführung eines dominanten, nicht geschlechtsgebundenen Faktors

Falls ein Erbfaktor zum Hervorbringen eines bestimmten Farbenschlages nicht in der Rasse vorhanden ist, so muß er durch Kreuzungen mit anderen Rassen übertragen werden. Dieses ist natürlich um so leichter, je näher sich die zur Kreuzung benutzten Rassen im Erscheinungsbild stehen.

4 Züchtungspraxis

Besonders einfach ist das Verfahren bei dominierenden Erbfaktoren, wie am Beispiel Indigo deutlich gemacht werden soll. Indigo wurde in den USA mit großem Erfolg in mehrere Rassen eingeführt. So wurde Indigo in die Long Faced Tümmler durch indigofarbene Brieftauben eingeführt und in die Pfautauben wiederum durch Kreuzungen mit Long Faced Tümmlern.

Das Kreuzungsverfahren ist ausgesprochen einfach und für jeden Züchter auch ohne besondere Kenntnisse der Vererbungslehre durchführbar. Erforderlich sind allerdings ein sehr gutes Gespür für die Feinheiten der eigenen Rasse und das Vermögen, in den ersten Generationen grundlegende positive Merkmale seiner Rasse zu erkennen und auf eine Zuchtauslese nach nachrangigen Eigenschaften zu verzichten. Erste Voraussetzung bei solchen Kreuzungen ist natürlich, daß nur allerbestes Material der eigenen Rasse zur Zucht verwendet wird – das beste verfügbare Tier ist gerade gut genug!

Abb. 163

Wenn nun andalusierblaue Tiere erzüchtet werden sollen (In ?, S ?), so kann damit begonnen werden, ein andalusierblaues, ein indigogehämmertes oder indigoblaues Tier der Fremdrasse an ein schwarzes der eigenen Rasse zu paaren. Die daraus fallenden andalusierblauen Jungtiere werden wieder an ein schwarzes Tier der eigenen Rasse zurückgepaart. Die rassetypischen andalusierblauen Jungtiere daraus sind wiederum an ein schwarzes Tier der eigenen Rasse zu verpaaren usw., bis auf dem Weg der Verdrängungskreuzung alle unerwünschten Eigenschaften der Fremdrasse verschwunden sind.

Man ist bei diesem Kreuzungsverfahren natürlich um so schneller am Ziel, je näher sich die Ausgangsrassen im Erscheinungsbild stehen. Nach 5 bis 6 Generationen wird man aber auch bei sehr hartnäckigen Fällen bei einer geschickten Zuchtauslese sehr dicht am Ziel sein, bei anderen wird der Erfolg schon nach 3 bis 4 Generationen abzusehen sein. Der Erbgang verläuft natürlich sinngemäß gleich, wenn bindige Indigo das Zuchtziel sind. Statt mit schwarzen Ausgangstieren der eigenen Rasse ist dann nach Möglichkeit mit Blaubindigen zu beginnen, und die besten Jungtiere mit dem Indigo-Faktor sind jeweils wieder an Blaubindige der eigenen Rasse zu paaren, bis das Zuchtziel erreicht ist.

Die Verdrängungskreuzung für die anderen Eigenschaften der Fremdrasse ist in Abbildung 164 veranschaulicht.

Abb. 163. Pommersche Schaukappe, Andalusierblau, erzüchtet durch Einkreuzen indigogehämmerter Brieftauben

Abb. 164. Schema für die Verdrängungskreuzung

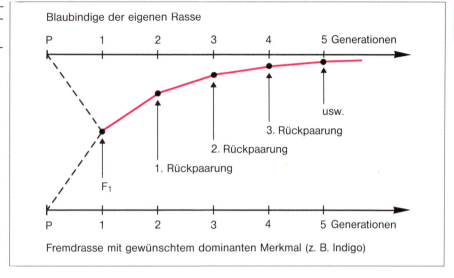

Einführung eines dominanten, geschlechtsgebundenen Faktors

Als Beispiel sei der Erbfaktor Faded, die Kennfarbigkeit bei Tauben behandelt. Es ist theoretisch möglich, daß Faded im weißen Farbenschlag der betreffenden Rasse unerkannt vorhanden ist. Bei Paarungen von weißen Tieren mit Blauen, Fahlen u. a. kann der Faktor dann aufgedeckt werden, ohne daß man auf eine Fremdrasse zurückgreifen muß. Solche Versuche werden aber nur zufällig zum Ziel führen können. Sicherer ist die Einpaarung eines fremdrassigen Tieres, das diesen Faded-Faktor besitzt. Bei solchen Paarungen führen viele Wege zum Erfolg. Beginnen könnte man mit einem kennfarbigen Täuber der Fremdrasse, der mit einer rotfahlen, braunfahlen oder blauen Täubin der eigenen Rasse gepaart wird. Daraus werden dann schon kennfarbige Jungtäubinnen fallen und mischerbige kennfarbige Täuber. Die Grundfärbung dieser Tiere soll uns hierbei nicht interessieren. Die Jungweibchen kann man an die eigene Rasse zurückpaaren, um einige mischerbige kennfarbige Täuber zu ziehen, die wiederum an rotfahle, blaue oder braunfahle 0,1 gepaart einige kennfarbige

4 Züchtungspraxis

Jungweibchen ergeben. Daneben werden auch einige kennfarbige Täuber in Mischerbigkeit fallen. Wenn man glaubt, dem gewünschten Typ der Rasse schon nahe genug gekommen zu sein, so kann man das Verfahren an dieser Stelle zu Ende führen, indem man die Jungtiere der letzten Generation untereinander paart. Man wird daraus zu 50% sowohl bei den Täubern als auch bei den Täubinnen reinerbige kennfarbige Jungtiere erhalten, die man dann rein weiterzüchten kann. Wenn die Ergebnisse noch nicht gut genug erscheinen, so kann man mit einem kennfarbigen Täuber oder auch mit einer Täubin erneut in das skizzierte Paarungsverfahren eingreifen.

Abb. 165

Der gleiche Weg könnte beschritten werden, wenn man den Erbfaktor Qualmond aus einer anderen Rasse übertragen möchte. Da Qualmond vor allem auf blaubindiger Basis attraktiv erscheint, ist in diesem Fall möglichst mit blaubindigen Tieren der eigenen Rasse zu arbeiten. Almond läßt sich ebenfalls in Anlehnung an dieses Verfahren aus anderen Rassen übertragen. Da reinerbige Almondtäuber jedoch nicht lebensfähig bzw. lebenskräftig genug sind, ist von der Erzüchtung reinerbiger Täuber beim letzten aufgezeigten Schritt abzusehen. Wer an Sprenkeln interessiert ist, der könnte die Paarung mit einem (mischerbigen) Almondtäuber beginnen und diesen an ein schwarzes Weibchen paaren, um einige Sprenkeltäubinnen zu erhalten, mit denen man das Verfahren in Anlehnung an das obige Beispiel fortsetzt. Man könnte natürlich auch mit einer Sprenkeltäubin oder einer anderen Almondfärbung beginnen und diese an einen schwarzen Täuber der eigenen Rasse paaren, um mischerbige Almond 1,0 zu züchten, mit denen man dann weiterzüchten könnte. Wer an der Almondfärbung des Englischen Kurzschnäblers interessiert ist, der sollte nach Möglichkeit mit dunkelgehämmerten Tieren beginnen; wenn sie etwas Bronze (Kite) zeigen, so wäre dieses zusätzlich von Vorteil. Besser als ein schwarzes oder rotes Tier wäre noch der Einsatz eines blauen Tieres, da dieses nicht den Ausbreitungsfaktor für Farbe hat, der im Zuchtprozeß stören würde. Andererseits fehlt die Zeichnung „dunkelgehämmert" und möglicherweise andere für Almond farbverbessernde Faktoren, die dann vom Almond-Partner der Fremdrasse eingebracht werden müssen. Man muß zur Erreichung des Zieles schon eine relativ große Anzahl von Jungtieren in jeder Generation züchten, um die jeweils typischsten Almondfärbungen für die Weiterzucht auszuwählen.

Abb. 165. Mischerbiger, kennfarbiger 1,0
(Foto: Hollander)

Einführung eines rezessiven, geschlechtsgebundenen Faktors

Als Beispiel sei die Einführung des Erbfaktors Reduced aus einer anderen Rasse gewählt. Wir nehmen an, man wolle die silbergraue Variante erzüchten. Beginnen könnte man dann am besten mit einem silbergrauen reduced 1,0, den man an eine schwarze 0,1 der eigenen Rasse paart. Daraus werden dann schon reduced 0,1 fallen, die man an einen schwarzen 1,0 der eigenen Rasse zurückpaart. Die Jungtiere sind alle schwarz und die Jungweibchen sind für die Weiterzucht wertlos. Man verwende daher nur die Jungtäuber, die aufgrund ihrer Mischerbigkeit mit schwarzen Weibchen gepaart zum Teil silbergraue reduced Jungweibchen erbringen. Von den Jungtäubern ist die Hälfte mischerbig für Reduced. Wenn man glaubt, den Fremdtyp bereits auf dieser Stufe durch geeignete Selektion der jeweiligen Nachzucht genügend zurückgedrängt zu haben, so kann man die reduced 0,1 an ihren Vater zurückpaaren, um silbergraue Reduced in beiden Geschlechtern zu ziehen, die man dann rein weiterzüchten kann.

Aus dem Beispiel dürfte klar sein, daß die Zucht auch mit einer reduced Täubin oder mit einem mischerbigen Täuber begonnen werden könnte. Die reduced Täubin wäre dann an einen schwarzen Täuber zu paaren, um mischerbige schwarze Jungtäuber zu erzeugen. Diese an schwarze Täubinnen gepaart ergeben dann wieder silbergraue Jungweibchen (50 % der Weibchen). Diese kann man an den Vater zurückpaaren und erhält dann silbergraue Reduced in beiden Geschlechtern, man kann die Zuchtprozedur zur Verbesserung der übrigen Rassemerkmale aber auch weiter fortsetzen. Wenn man bindige Reduced ziehen möchte, so wäre nach Möglichkeit mit bindigen Reduced zu beginnen und der für die Erzüchtung geeignete Farbenschlag der eigenen Rasse wäre der Blaubindige. Aus dem Kapitel über Reduced ist aber auch leicht ablesbar, daß man auch in diesem Fall mit einem silbergrauen Reduced beginnen könnte, ebenso wie man zur Erzüchtung des Silbergrauen mit einem bindigen Reduced beginnen könnte.

Züchtungspraxis

Einführung eines rezessiven, nicht geschlechtsgebundenen Faktors

Als Beispiel sei die Einführung von Rezessiv Rot aus einer anderen Rasse gewählt. Gute Rezessiv Rote haben meist eine schwarze Grundfarbe. Diese Erkenntnis kann man sich zunutze machen und zweckmäßigerweise auf schwarze Tiere der eigenen Rasse bei den Paarungen zurückgreifen. In der ersten Generation paart man Schwarz × Rezessiv Rot, wobei es unerheblich ist, ob der 1,0 oder ob die 0,1 schwarz ist. Die Jungtiere werden normalerweise alle schwarz sein. Wenn andersfarbige fallen sollten, so ist dieses auch nicht störend, da alle Jungtiere – unabhängig von ihrer Färbung – mischerbig rezessiv Rot sind. Wenn sich die Ausgangsrassen im Erscheinungsbild sehr ähnlich sind, so könnte man diese Jungtiere untereinander paaren, um ein Viertel Rezessiv Roter zu erhalten. Die besten von diesen, gemessen am erwünschten Rassetyp, könnte man dann wiederum an Schwarze der eigenen Rasse verpaaren, um mischerbig Rezessiv Rote zu erhalten, die man dann wieder aufspalten lassen könnte. Mit etwas Geduld wird man im Laufe der Generationen dem Ziel immer näher gelangen.

Wenn die Ausgangsrassen allerdings sehr unterschiedlich im Typ sind und sich in ihren Rassemerkmalen deutlich voneinander unterscheiden, so sollte man die erste Generation noch nicht aufspalten lassen, sondern mit den Jungtieren an schwarze Tiere der eigenen Rasse zurückgehen. Die Nachzucht wird dann natürlich nicht Rezessiv Rot sein und man hat den Nachteil in Kauf zu nehmen, daß nur die Hälfte überhaupt mischerbig für Rezessiv Rot ist. Mitunter verraten sich diese Mischerbigen allerdings durch etwas rötliche Färbung auch bei schwarzen Tieren. Diese untereinander gepaart erbringen dann ein Viertel Rezessiv Roter, die dann dem gewünschten Rassetyp schon wesentlich näher kommen dürften als die Ergebnisse der Aufspaltung der ersten Generation. Wenn man diese mischerbig Roten nicht äußerlich erkennen kann, so ist die Wahrscheinlichkeit dafür, daß bei einem zufällig zusammengestellten Paar beide Partner mischerbig sind, 25 %. Bei einer etwas größeren Zuchtbasis wird man deshalb mit großer Wahrscheinlichkeit auch ein Paar haben, aus dem die gewünschten Rezessiv Roten fallen. Man kann die Schwarzen natürlich auch auf das Vorhandensein der Mischerbigkeit testen. Wenn diese Tiere mischerbig sind, so müssen sie mit Rezessiv Roten gepaart zu 50 % Rezessiv Rote ergeben. Wenn aus einem solchen Paar also nur ein rotes Jungtier fällt, so kann man den schwarzen Partner als mischerbig für Rezessiv Rot klassifizieren und für die Zucht verwenden. Erhält man aus der Paarung der ersten Rückkreuzung miteinander einige Rezessiv Rote, so kann man je nach Qualität der sonstigen Rassemerkmale erneut eine Rückpaarung an schwarze Tiere der eigenen Rasse vornehmen (und die beschriebene Prozedur wiederholen) oder diese Rezessiv Roten miteinander verpaaren und die jeweils beste Nachzucht weiterverwenden. Der Zuchtweg ist in Abbildung 166 veranschaulicht. Nach dem hier vorgestellten Rezept lassen sich auch andere rezessive, nicht geschlechtsgebundene Erbfaktoren wie z. B. Hauben und sonstige Federstrukturen, Milky, Platin und Rezessiv Opal aus anderen Rassen übertragen.

Züchtungspraxis

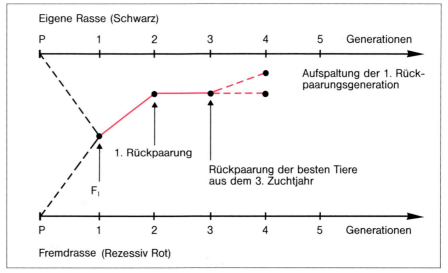

Abb. 166

Abb. 166. Schema für die Verdrängungskreuzung mit anschließender Rückpaarung

4 Züchtungspraxis

Austesten von Erbfaktoren

Grundsätzliches Vorgehen

Der Vergleichsmaßstab für alle Erbfaktoren ist jeweils der Wild-Typ, also die Färbung und Struktur der blaubindigen Felsentaube, wie auch in dem Abschnitt über die Kurzbezeichnung von Erbfaktoren aufgezeigt wurde. Wenn also eine bisher unbekannte Federstruktur, eine rätselhafte Färbung oder ein bisher nicht beobachtetes Verhalten entdeckt wird, so ist diese unbekannte Variante mit dem Wild-Typ zu verpaaren und das Ergebnis mit den bekannten Erbgesetzen zu vergleichen. Durch ein wiederholtes Verpaaren an blaubindige Tiere lassen sich oft auch komplizierte, durch dominierende Faktoren bestimmte Erbstrukturen aufdecken. Mitunter hat man bei einer bestimmten Färbung aufgrund von Ähnlichkeiten im Erscheinungsbild schon Vermutungen, daß es sich um einen ganz bestimmten, bereits analysierten Erbfaktor handelt. Das könnte z. B. der Fall sein, wenn aus einem schwarzen Stamm einmal ein silbergraues Tier fällt. Die Vermutung könnte dann dahin gehen, daß es sich um das Silber der Lahore (Milky) handelt. Eine Testkreuzung mit einer silbernen Lahore würde dann schnell Aufklärung bringen. Falls aus dieser Paarung keine silbergrauen Tiere fallen, so sind die Erbfaktoren nicht identisch, fallen daraus silbergraue Tiere, so dürfte sich die Vermutung bestätigt haben. Die geringe Wahrscheinlichkeit, daß es sich um eine dominante Mutation mit einer sehr ähnlichen Wirkung wie Milky handelt, kann man durch eine Test-Paarung an Rassen ohne diesen Erbfaktor ausräumen. Fallen aus dieser Paarung keine silbergrauen Tiere, so handelt es sich um Milky oder ein bisher nicht bekanntes Allel mit sehr ähnlicher Wirkung.

Wie neue Erscheinungen auszutesten sind, kann man am besten in Anlehnung an Quinn, 1971, deutlich machen:

1. Beschreibung der Besonderheit der Mutation und Sammlung aller mit dieser Mutation zusammenhängenden Informationen (Rasse, vermutliche Herkunft der Ausgangstiere, Eltern der Besonderheit).

2. Paarung mit dem Wild-Typ (z. B. eine blaue Brieftaube, bei Federstrukturen eine Rasse ohne Strukturen), wenn irgend möglich über Kreuz mit beiden Geschlechtern, um eine mögliche geschlechtsgebundene Vererbung aufdecken zu können.

3. Beobachtung und Aufzeichnung jeder Besonderheit in der Nachzucht.

4. Paarung dieser Nachzucht untereinander und Aufzucht von 20 oder mehr Nachkommen, wobei die Zahlen und das Geschlecht der unterschiedlichen Typen festzuhalten sind.

5. Rückkreuzung der 1. Generation an beide Elternteile mit jeweils 12 oder mehr Jungtieren. Vergleich dieser Jungtiere mit der ersten Generation und dem Wild-Typ.

6. Feststellung, ob es bei den bisherigen Paarungen einen Unterschied gemacht hat, ob der Vogel oder die Täubin vom Wild-Typ abwich. Analyse der Aufspaltungsraten in der Nachzucht und Klassifizierung der Nachzucht.

7. Falls die Ergebnisse klare Aufspaltungsverhältnisse in der Nachzucht zeigen, die denen der bekannten Erbgesetze entsprechen, so kann eine vorläufige Namensgebung und Symbolzuweisung für den Erbfaktor erfolgen (große Anfangsbuchstaben für dominante Faktoren bzw. partiell dominante Erbfaktoren wie „In" für Indigo, kleine für rezessive wie „o" für Rezessiv Opal). Allele sollten mit gleichen Anfangsbuchstaben benannt werden, wie man es bei der Almondgruppe oder auch bei der Grundfarbe (B^A bzw. b für Brieftaubenrot bzw. Braun) getan hat.

Die gefundenen Ergebnisse sind dann durch die Zucht von 50 oder mehr Jungtieren aus den verschiedenen genannten Paarungen zu bestätigen.

8. Zusammenstellung der Ergebnisse und Beobachtungen und Bericht an eine Fachzeitschrift.

Das Beispiel Erratic

Ein ganz ausgezeichnetes Beispiel für eine Analyse einer bisher nicht beobachteten Mutante ist die von Mangile für Erratic.

Um 1974 stellte er bei seinen Brieftauben fest, daß diese mehrere Jungtiere mit ganz ähnlichen Sehproblemen und Problemen der Kontrolle des Bewegungsablaufs hervorbrachten. Die Zuchtbuchaufzeichnungen wiesen darauf hin, daß diese offenbar vererbbare Erscheinung durch einen rezessiv gelben Brieftäuber, der im Jahr 1968 erworben wurde, in die Linie hineingebracht wurde, wenn auch einige andere Möglichkeiten nicht ganz ausgeschlossen werden konnten. Erratic zeigt sich schon im Nest durch ein Zurückdrehen des Kopfes und einer unstetigen und unruhigen Kopfhaltung, wenn die Tiere nach vorne blicken. Manchmal werden die Tiere so stark angegriffen, daß die Jungtiere aus dem Nest fallen oder auf die Seite rollen. Der Defekt kann um den 10. Tag herum festgestellt werden und bleibt auch im Alter erhalten.

Für das Austesten der Erbanlagen wurden für jedes Paar einzelne Zuchtboxen verwendet, so daß Fremdbefruchtungen ausgeschlossen wurden.

Zwei Jungtiere mit der Anlage Erratic, die aus einem normalen Paar gefallen waren, wurden zusammengepaart. Aus dieser Paarung wurden 16 Jungtiere gezogen, die alle Erratic zeigten und von denen zumindest 6 Täuber und 3 Weibchen waren.

Ein anderer Erratic-Täuber aus dem gleichen Ausgangspaar wurde an eine nicht mit diesem Stamm in verwandtschaftlicher Beziehung stehende Porcubine-Täubin gepaart. Die daraus fallende Nachzucht von 8 Tieren war normal, zeigte also weder Porcubine noch Erratic, ein Zeichen für die Unabhängigkeit der Faktoren und den nicht geschlechtsgebundenen Charakter von Erratic. Diese Jungtiere untereinander gepaart ergaben dann sowohl normale und Erratic-Jungtiere als auch Porcubine-Jungtiere.

Schließlich wurden 10 Paare von mischerbigen Erratic gezogen und untereinander gepaart. Von 90 Jungtieren waren 66 normal und 24 Erratic, was ziemlich genau der bei einfach rezessiven Erbfaktoren zu erwartenden 3 : 1 Aufspaltung entspricht. Aus allen 10 Paaren fiel zumindest ein Erratic-Jungtier.

Paarungen von Erratic-Täubern an normale Täubinnen aus anderen Blutlinien ergaben 16 normale Jungtiere, die umgekehrte Paarung erbrachte 8 normale Jungtiere. Die Jungtiere bestanden im ersten Fall aus Täubern und Täubinnen, im zweiten Fall wurde nur ein Tier nach Geschlecht klassifiziert, und zwar eine Täubin. Erratic-Jungtiere fielen nicht an.

Reinerbige Erratic an mischerbige gepaart ergaben 21 normale und 10 Erratic in beiden Geschlechtern. Die Rate von 21 : 10 weicht von der theoretisch für einfach rezessive Merkmale erwarteten Rate 15,5 : 15,5 ab, dieses kann bei der relativ geringen Anzahl aber auf eine zufällige Abweichung zurückzuführen sein.

Aufgrund dieser Ergebnisse kann man davon ausgehen, daß ein einzelner nicht geschlechtsgebundener Erbfaktor für diese Eigenschaft verantwortlich ist und Mangile gab diesem Erbfaktor entsprechend das Symbol „er".

Ausmendeln von Erbfaktoren

Problemstellung

Die hier dargestellten Erkenntnisse der Vererbungslehre bei Tauben können auch hilfreich sein, wenn unerwünschte Eigenschaften in einer Zucht ausgemerzt werden sollen. Wenn z. B. aus einem Zuchtpaar Jungtiere mit den unerwünschten Merkmalen Scraggly, Porcubine, Clumsy oder Erratic gezogen wurden, so ist aufgrund des oben dargestellten nicht geschlechtsgebundenen rezessiven Erbganges davon auszugehen, daß beide Elternteile diese Erbanlagen verdeckt besitzen, d. h. für das betreffende Merkmal mischerbig sind. In der Folge wird man aus einem solchen Paar etwa ein Viertel mit der unerwünschten Eigenschaft nachziehen:

0,1 / 1,0	+	p
+	+ +	+ p
p	p +	p p

Von den normal erscheinenden Jungtieren werden offenbar auch noch zwei Drittel mischerbig für diese Anlage, in diesem Beispiel Porcubine (+ p), sein.

Wenn die Tiere des Ausgangspaares vorher mit anderen Partnern zahlreiche Jungtiere gezogen haben, die alle eine normale Federstruktur aufweisen, so ist dieses auf keinen Fall als Zeichen dafür zu nehmen, daß aus diesem Tier mit anderen Partner beruhigt gezüchtet werden kann. Wie man sich leicht an einem Punnettschen Quadrat deutlich machen kann, sind etwa 50 % der vermeintlich normalen Nachzucht mischerbig für den unerwünschten Erbfaktor. Ein positives Zeichen ist es nur für den früheren Partner, da dieser mit offenbar mischerbig anormalem Partner nur normale Nachzucht gebracht hat:

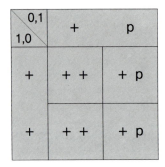

Wenn nur wenige Tiere gezogen wurden, so kann dieses natürlich auch auf Zufall beruhen, wenn dagegen ein Dutzend oder mehr gezogen wurde, so kann dieses als Zeichen dafür genommen werden, daß der Partner diese unerwünschte Eigenschaft nicht im Erbgut besitzt und für den Aufbau porcubine-freier Linien wertvoll ist.

Die häufige Reaktion auf solche unerwünschte Erscheinung in der Zucht, dieses als Inzuchtschaden abzutun und fremde Blutlinien einzupaaren, verlagert nur das Problem und ist keine Lösung. Durch mischerbige Tiere des alten Stammes wird der unerwünschte Faktor auch auf den neuen Stamm übertragen, so daß man in der Regel nach wenigen Jahren wieder mit den gleichen Problemen konfrontiert wird. Wenn man nicht den eigenen Stamm völlig aufgeben will, so bietet sich statt des meist vergeblichen Versuchs des Weglaufens vor dem Problem die offensive Strategie des

Ausmendelns des unerwünschten Merkmals an. Ständiges Hinzufügen anderer Blutlinien kann im übrigen mitunter mehr Probleme schaffen als die sorgfältige Pflege des eigenen Stammes, wie das Beispiel von Erratic gezeigt hat, wo unerwünschte Eigenschaften gerade erst durch das Hinzufügen nicht mit dem Stamm verwandter Tiere hereingeholt wurden.

Der Zuchtplan

Für das Ausmerzen unerwünschter rezessiver und nicht geschlechtsgebundener Eigenschaften ist es unumgänglich, für Probepaarungen einige Tiere mit der unerwünschten Eigenschaft aufzuziehen. Die Nachzucht aus diesen Tieren ist aber in jedem Fall auszumerzen, so standardgerecht sie auch aussehen mag. Für den Test, ob ein Tier frei von dem unerwünschten Erbfaktor ist, wählt man solche Tiere des Stammes aus, mit denen man aufgrund der vorhandenen Rassemerkmale einen erfolgreichen Zuchtaufbau erwarten kann. Tiere, die selbst aus Eltern mit der negativen Eigenschaft gefallen sind, braucht man natürlich gar nicht erst zu testen, da man bei ihnen aufgrund der Abstammung bereits weiß, daß sie für den Neuaufbau nicht geeignet sind. Gleiches gilt für Tiere, aus denen bereits in der Vergangenheit Jungtiere mit der unerwünschten Eigenschaft gefallen sind. Man teste also nur Tiere, die bisher unbelastet scheinen.

Man paart das zu testende Tier an reinerbige Tiere für die unerwünschte Eigenschaft. Fällt aus dieser Paarung auch nur ein Tier mit der unerwünschten Erscheinung, so ist der normal erscheinende Partner für die weitere Zucht wertlos:

0,1 / 1,0	+	p
p	p +	p p
p	p +	p p

Züchtungspraxis

Fallen nur normale Jungtiere, so ist das getestete Tier vermutlich reinerbig. Man sollte aber auch hier schon 10 oder mehr Jungtiere ziehen, um sicher zu sein. Je größer die Anzahl der gezogenen Tiere, um so größer ist die Sicherheit, keinen Fehler in der Erbanalyse zu machen, der den Erfolg des gesamten Projekts verhindern würde:

0,1 / 1,0	+	+
p	p +	p +
p	p +	p +

Auch diese Jungtiere sind natürlich für die weitere Zucht völlig wertlos, da sie alle mischerbig für den unerwünschten Faktor sind.

Die auf diese Weise bestimmten reinerbig Normalen sind dann untereinander zu verpaaren und bilden die Grundlage des neuaufgebauten Stammes. Man sollte aber in der Zukunft vorsichtig bei der Einführung sog. „neuen Blutes" sein. Statt einer Verbesserung der Vitalität der Stammes kann man auch schnell unerwünschte Eigenschaften wieder in den eigenen Stamm einführen und das Erreichte in Frage stellen. Die hier angesprochene Methode läßt sich für jeden rezessiven Erbfaktor anwenden, für „Porcubine" in den Beispielen ist dann lediglich der jeweils andere Erbfaktor einzusetzen.

Bei dominanten unerwünschten Eigenschaften ist das Ausmerzen natürlich wesentlich einfacher. Ein Tier mit dieser Eigenschaft ist am Erscheinungsbild zu erkennen und für die weitere Zucht wertlos. Soweit sich bestimmte unerwünschte Eigenschaften erst im Alter, bei mehrjährigen Tieren zeigen, ist es für ein Ausmerzen schon fast zu spät, da sich die Tiere normalerweise ja bereits im Stamm fortgepflanzt haben. Bei solchen Erscheinungen muß versucht werden, auf der Basis möglichst alter, normal erscheinender Zuchttiere seinen Stamm auf eine bessere Grundlage zu stellen.

Bei rezessiven geschlechtsgebundenen Erbanlagen kann man die Auswahl der brauchbaren Täubinnen wie bei dominanten Erbfaktoren nach dem Erscheinungsbild vornehmen. Die Täuber dagegen wären wie bei einfachen rezessiven Faktoren ohne Geschlechtsgebundenheit auszutesten.

Bei rezessiven Erbfaktoren, die bei Reinerbigkeit den Tod des Tieres hervorrufen oder schon das Schlüpfen der Jungtiere verhindern (Letalfaktoren) ist das Ausmendeln komplizierter. Zum einen ist schon das Erkennen der Erbanlage bei den Elterntieren schwieriger, da man bei einigen Faktoren die in den Eiern abgestorbenen Jungtiere auf erbliche Defekte untersuchen muß. Zum anderen ist die oben bei nicht letalen Faktoren erwähnte Möglichkeit des Tests mit reinerbigen Tieren mit der unerwünschten Anlage nicht möglich. Man muß bei Tests also auf mischerbige Tiere zurückgreifen, für die die Erbanlage anhand der Analyse der Nachzucht nachgewiesen werden konnte.

Falls das zu testende Tier mit der betreffenden Erbanlage ebenfalls rezessiv belastet ist, so wird in der Nachzucht ein Viertel die letale Eigenschaft haben. Das bedeutet, daß bei einer sehr großen Zahl von Jungtieren ein Viertel statt der Hälfte der Jungtiere ausfallen wird. Sobald auch nur ein Jungtier in der Nachzucht auftaucht, das eindeutig reinerbig für die unerwünschte Eigenschaft ist, so ist der Test abgeschlossen und das betreffende Tier ist für die Weiterzucht nicht geeignet. Auf der anderen Seite wird man aber schon ein große Anzahl von Jungtieren ohne diese Eigenschaft aufziehen müssen, um mit ausreichender Wahrscheinlichkeit sagen zu können, das getestete Tier sei erblich nicht belastet. Eine Zuchtsaison wird für ein solche Aussage meist nicht ausreichen.

Züchtungspraxis

Gebrauchskreuzungen bei Leistungsanlagen

Abb. 167

Die bei der Darstellung der Vererbung von Leistungsanlagen ausgeführten Überlegungen zum Heterosiseffekt haben bei Brieftauben zur Empfehlung der Gebrauchskreuzungszucht geführt. Bei dieser Zuchtmethode sind zumindest zwei genetisch unterschiedliche Linien zu halten, die nur der Erzüchtung der für den Flugsport verwendeten Tiere dienen. Diese für die Zucht verwendeten Linien sind im Idealfall über viele Generationen hinweg in enger Verwandtschaft gezüchtet worden. Treffen zwei solcher Inzuchtlinien aufeinander, so tritt in der Nachzucht im Erfolgsfall der Heterosiseffekt leistungssteigernd in Erscheinung. Diese Reisetiere werden in der Regel – trotz zum Teil hervorragender Leistungen – nicht selbst zur Zucht verwendet, sie dienen dem „Gebrauch" auf Wettflügen, wie der Name „Gebrauchskreuzung" es auch ausdrückt.

Eigene Erfahrungen mit einem auf nur wenige überragende Flugtiere aufgebauten Stamm zeigten, daß die Tiere sich nicht nur von Generation zu Generation immer ähnlicher im Erscheinungsbild wurden, sondern daß die Tiere auch feiner wurden. Inzuchtschäden wurden nicht beobachtet. Solchen möglichen Inzuchtdepressionen begegnet man am besten durch eine gezielte Selektion auf Lebenstüchtigkeit, was bei den Reisetauben bedeutet, daß man auch die Inzuchtlinien zur Kontrolle dem Reisekorb anvertrauen sollte.

Zum Aufbau von Inzuchtlinien, die man für die Gebrauchskreuzungszucht verwenden will, sollte man schon auf Tiere zurückgreifen, die aus einem in relativ enger Verwandtschaftszucht gehaltenen Stamm kommen. Solche Tiere weisen von Beginn an schon einen hohen Inzuchtgrad auf, der durch zwei oder drei Vollgeschwisterpaarungen deutlich gesteigert werden kann. Mit Kreuzungstieren zu beginnen und eine einmalige Vollgeschwisterpaarung vorzunehmen, wäre für den hier dargestellten Zweck nicht ausreichend.

Abb. 168

Nr.	Züchter	Verein	Fußring-Nr.	Vermess.	Ankunft	Geschw.
1	Sell	2 21/14	5658 68 118 M	512,280	13.30.16	975,269
2	Sell	2	5658 66 11 M	512,280	13.48.22	942,783
3	Sell	2	5658 68 103 M	512,280	13.51.18	937,726
4	Sell	2	5658 68 113 M	512,280	13.51.34	937,263

Abb. 169

Die Zunahme der Reinerbigkeit durch fortgesetzte Inzucht ist nach S. W. Wright in Abbildung 170 dargestellt.

Abb. 170

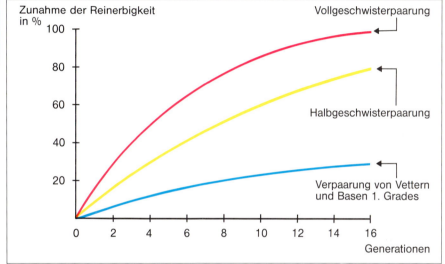

b. 167. Brieftäuber Nr. 11 mit 13 Jahren; ammvater der Inzuchtgruppe von Abbil- ng 169

b. 168. Reiseleistungen eines in Ver- ndtschaftszucht gehaltenen Stammes eisevereinigung Bad Segeberg): 8. Preis- g ab Heidelberg am 10. 7. 1971. Mittlere tfernung 516,0 km; eingesetzte Tauben: 8

b. 169. Brieftauben, Gruppe einer langjäh- en Inzuchtlinie

b. 170. Zunahme der Reinerbigkeit durch gesetzte Inzucht

Mit der Anzahl der Generationen, mit denen die Inzucht betrieben wird, steigt die allgemeine Reinerbigkeit, wobei die Zunahme bei Vollgeschwisterpaarungen gegenüber den anderen Möglichkeiten am schnellsten erfolgt. Unerwünschte rezessive Eigenschaften, wie viele Erbkrankheiten, können in solchen Inzuchtlinien sehr schnell beseitigt werden, indem nur Tiere mit den erwünschten Eigenschaften zur Zucht verwendet werden. Mit jeder Generation steigt damit die Wahrscheinlichkeit, daß die unerwünschten rezessiven Gene verlorengehen. Inzucht, die mit einer strengen Auslese auf Lebenskraft verbunden ist, muß nicht zwangsläufig zu einer verminderten Leistungsfähigkeit führen. Durch das Ausmerzen negativer rezessiver Gene kann sogar eine Verbesserung erreicht werden. Es ist beim Auftreten negativer Eigenschaften bei der Inzucht auch falsch, von Inzuchtschäden zu sprechen. Die Inzucht hat in solchen Fällen nur die bei den Ausgangstieren verdeckt vorhandenen negativen Anlagen offengelegt und gibt die Möglichkeit, diese auszumerzen. So wie man unerwünschte Eigenschaften durch Inzucht zurückdrängen kann, so werden auf der anderen Seite positive Eigenschaften reinerbig im Stamm verankert oder angereichert.

Es ist aber auch klar, daß bei äußerlich nicht erkennbaren Erbeigenschaften eine ein-, zwei- oder dreimalige Geschwisterpaarung in der Generationenfolge keine Gewähr dafür bietet, daß die nachgezogenen Tiere für die entscheidenden Erbanlagen reinerbig geworden sind. Das läßt sich leicht an einem Beispiel demonstrieren. Nehmen wir an, daß ein Geschwisterpaar (1. Generation) für ein Genpaar mischerbig sei, die Allele A und a besitze. Von den Jungtieren dieser Geschwisterpaarung (2. Generation) wird die Hälfte mischerbig wie die Eltern sein, die anderen sind zu je einem Viertel reinerbig für das Allel A bzw. für a. Wählt man für die nächste Geschwisterpaarung zufällig die Jungtiere aus, die mischerbig sind, so ist man im Hinblick auf die Reinerbigkeit der Linie in bezug auf die betrachtete Erbanlage nicht weitergekommen. Paart man von der zweiten Generation zufällig Geschwister miteinander, die jeweils für das andere Allel reinerbig sind (also A A bzw. a a), so sind in der 3. Generation wieder alle Jungtiere mischerbig und man ist im Hinblick auf die gewünschte Reinerbigkeit wieder an den Anfang zurückgeworfen.

Zur Reinerbigkeit im Hinblick auf A wird man in der dritten Generation nur gelangen, wenn man für die Zucht aus der zweiten Generation zufällig zwei Tiere mit der Erbinformation A A ausgewählt hat. Die Wahrscheinlichkeit dafür ist aber nur ein Sechzehntel! Gleiches gilt für die zufällige Auswahl reinerbiger Zuchtpaare für a a.

Hat man mehrere langjährige Inzuchtlinien zur Verfügung, so ist über Probepaarungen zu ermitteln, welche Kombinationen dieser Linien einen positiven Heterosiseffekt erzeugen, welches die sog. Passerpaarungen sind. Aus der Kreuzung solcher „passender" Linien werden in der Zukunft dann die sog. Gebrauchskreuzungen gezogen, die ihrerseits normalerweise nicht für Zuchtzwecke verwendet werden. Wenn man mehrere solcher Passerpaarungen gefunden hat, so kann man vom Normalfall abweichend eine Zweifach-Kreuzung versuchen. Durch Verpaarung zweier verschiedener Kreuzungslinien miteinander kann ein zusätzlicher positiver Effekt erreicht werden. Der Zuchtplan ist schematisch in Abbildung 171 dargestellt.

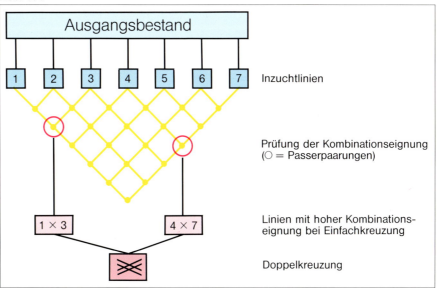

Abb. 171. Zuchtplan für Gebrauchskreuzung

Der Nachteil dieser Methode besteht zum einen darin, daß ständig zwei Linien neben den Reisetieren gehalten werden müssen. Diese Linien müssen ebenfalls einer gewissen Selektion unterworfen werden, da sich sonst unentdeckt negative Eigenschaften ausbreiten könnten, die den Wert der Linie für die Gebrauchskreuzungszucht herabsetzen. Solche negativen Eigenschaften könnten z. B. auch sprunghaft durch Mutationen auftreten. Schließlich tritt der positive Heterosiseffekt nicht regelmäßig auf, wenn zwei beliebige Linien gekreuzt werden. Er ist eher die Ausnahme, so daß ein großer Aufwand erforderlich ist, um passende Linien zu finden.

4 Züchtungspraxis

Aus der Begründung für eine Gebrauchskreuzungszucht könnte man vermuten, daß bestimmte Erbfaktoren für Leistungseigenschaften bei Reinerbigkeit zu Höchstleistungen beitragen, bestimmte andere Erbfaktoren bei Mischerbigkeit die Leistungsfähigkeit erhöhen. Wenn diese zuletzt genannten Faktoren nicht zu zahlreich sind, so lassen sich auch aus reinen Linien ohne das Hilfsmittel der Gebrauchskreuzung hochwertige Reisetiere züchten. Dieses scheint in einigen bekannten Reisetaubenstämmen auch über Jahrzehnte gelungen zu sein. Soweit ein guter Reisestamm vorhanden ist, so muß bei der Zucht darauf geachtet werden, daß es nicht zu einem Verlust von Genen kommt. Diese Gefahr besteht wegen der Mischerbigkeit für einige Erbanlagen, sobald über mehrere Generationen hinweg von nur sehr wenigen Tieren des Bestandes Nachzucht gezogen wird. Dieser Gefahr wird entgegengewirkt, wenn die Mehrzahl der vorhandenen Tiere eines Bestandes auch in der Zucht Verwendung findet. Anders als bei der Gebrauchskreuzung werden bei dieser Zuchtmethode auch die hochwertigen Reisetiere in der Zucht eingesetzt, und die Möglichkeit eines züchterischen Fortschritts durch Ausnutzung des Auftretens positiver auf die Leistung wirkender Mutationen scheint eher gewährleistet.

Dieses dürfte auch für andere Rassetauben die empfehlenswerte Zuchtmethode sein.

Anhang

Teil 5

Anhang

Schlußbemerkung

Es konnten hier nur einige der bei Tauben entdeckten Mutationen angesprochen werden. Es wurde dabei versucht, deutlich zu machen, daß Erbfaktoren in ihrer Wirkung auf das Erscheinungsbild auch davon abhängen, welche sonstigen Erbfaktoren gleichzeitig wirksam sind. Alle Gruppen von Erbfaktoren, die hier angesprochen wurden, können gleichzeitig in Reinerbigkeit oder in Mischerbigkeit für die Allele der jeweiligen Faktorgruppe in einer Taube züchterisch kombiniert werden. Eine Taube mit schwarzer Grundfarbe, dem Ausbreitungsfaktor für Farbe (S) und dem Erbfaktor Indigo (In) könnte z. B. reinerbig Milky (my my), mischerbig für den Almond-Faktor (St +) und reinerbig Smoky (sy sy) sein. Welche Gefiederfärbung hat eine solche Taube? Wie ändert sich die Gefiederfärbung, wenn zusätzlich der Verdünnungsfaktor (d d) hinzutritt? Vermutlich ist eine solche Taube noch nie gezüchtet worden und ganz sicher verbirgt sich hinter dieser oder einer beliebigen anderen denkmöglichen Kombination von Erbfaktoren noch ein ganz besonders reizvoller, bis jetzt noch nicht „uraufgeführter" Farbenschlag, der nur auf einen kreativen Züchter als Entdecker wartet. Viele Kombinationen sind hier dargestellt worden, über andere wurde gelegentlich vor allem von amerikanischen Züchtern berichtet. Die notwendige Begrenzung dieser Schrift läßt es leider nicht zu, hierauf näher einzugehen.

Für alle, die nicht nur an der praktischen Umsetzung genetischer Erkenntnisse, sondern auch an der spannenden Geschichte der Entschlüsselung der Erbgesetze interessiert sind, wird die Schrift „Origins and Excursions in Pigeon Genetics" von W. F. Hollander ohnehin unentbehrliche Pflichtlektüre sein.

Das Verständnis dafür, daß das Erscheinungsbild einer Taube durch viele Erbfaktoren gemeinsam geprägt wird, kann auch bei der Erzüchtung und Verbesserung guter „Standard-Farben" eine Hilfe sein und andererseits auch viele Schwierigkeiten in einzelnen Farbenschlägen erklären. So ist

z. B. bekannt, daß Faktoren wie Dirty und die Zeichnung Dunkelgehämmert (C^T) die Färbung schwarzer Tauben intensivieren. Paarungen mit dunklen Tauben können deshalb in einigen Fällen zur Verbesserung der schwarzen Färbung beitragen. Bei hellaschfarbenen fahlen Tauben ($B^A B^A$; S ?) dagegen wirkt C^T farbverschlechternd, da eine zarte Färbung angestrebt wird. Die bloße Übertragung eines Erbfaktors in eine andere Rasse, z. B. Rezessiv Rot e, bedeutet wegen der Abhängigkeit der Intensität der Färbung von anderen Faktoren auch noch nicht, daß die Färbung in diesen Rassen identisch ist. Die für eine intensive Färbung zusätzlich erforderlichen Faktoren können nämlich in dieser Rasse fehlen und müssen deshalb genauso wie e selbst übertragen werden.

Die Kenntnis der genetischen Struktur ermöglicht es auch, im Bedarfsfall systematisch verschiedene Farbenschläge innerhalb einer Rasse zu verpaaren. Man ist damit in der Lage, mit einem wesentlich geringeren Aufwand die gleichen Zuchterfolge zu erringen. Dieses dürfte besonders deutlich bei der Almond-Färbung geworden sein, da man hier nur bei einer sehr sachgemäßen Zusammenstellung der Almonds mit den entsprechenden Nebenfarben zu größeren Zuchterfolgen gelangen kann. Wer hier nur auf seine Intuition baut, der wird mitunter Zufallserfolge verzeichnen können, nie aber auf Dauer in der Zucht erfolgreich sein. Kleine, systematisch betriebene Zuchten können andere, die mit einer großen Anzahl von Paaren auf Zufallserfolge aus sind, leicht in den Schatten stellen. Die systematische Anwendung der Vererbungsgesetze ermöglicht es auch, sehr schnell Zuchtvorsprünge einzelner Farbenschläge im Rassetyp, der Federstruktur und in anderen Rassemerkmalen auf die anderen zu übertragen.

Die Möglichkeiten der Übertragung von Färbungen anderer Rassen auf die eigene wurden an einigen Beispielen demonstriert.

Diese Beispiele können Anregung dafür sein, wie im konkreten Fall gehandelt werden könnte. Fingerspitzengefühl, ein gutes Auge für die Feinheiten der Rasse und auch Intuition und kreatives Denken sind für ein schnelles Gelingen solcher Vorhaben dennoch unentbehrlich.

Anhang

Von sehr großer Bedeutung für die praktische Zucht können auch die Erkenntnisse über die Vererbung krankhafter Erscheinungen sein. Wenn man in seiner Zucht anhand der Abstammungsaufzeichnungen nachweisen kann, daß bestimmte unerwünschte Merkmale nach festen Regeln vererbt werden, oder wenn aus der Literatur der Erbgang bekannt ist, so kann man diese unerwünschten Eigenschaften schnell und systematisch durch Probepaarungen und Zuchtauslese ausmerzen.

Die Schrift sollte aber auch deutlich gemacht haben, daß das Gebiet der Taubengenetik noch viele ungelöste Fragen beinhaltet und daß der einzelne Züchter dazu beitragen kann, weiße Flächen auf der Landkarte der Taubengenetik mit Farbe zu versehen.

Lösungen der Übungen 1–6

Übung 1:

0,1 / 1,0	C	C^T
C	C C	C C^T
C^T	C^T C	C^T C^T

25 % reinerbig gehämmert (C C), 25 % reinerbig dunkelgehämmert ($C^T C^T$), 50 % dunkelgehämmert, aber mischerbig für gehämmert (C^T C bzw. gleichbedeutend C C^T)

Anhang

	0,1	C	+
1,0			
C		C C	C +
+		+ C	+ +

25 % reinerbig gehämmert (C C), 25 % reinerbig bindig (+ +), 50 % gehämmert, aber mischerbig für bindig (+ C)

	0,1	+	C^T
1,0			
+		+ +	+ C^T
C^T		C^T +	C^T C^T

25 % reinerbig bindig (+ +), 25 % reinerbig dunkelgehämmert ($C^T C^T$), 50 % dunkelgehämmert, aber mischerbig für Binden (C^T +)

	0,1	+	+
1,0			
+		+ +	+ +
+		+ +	+ +

100 % reinerbig bindig (+ +)

Übung 2:

0,1 \ 1,0	c	c
C	C c	C c
C	C c	C c

Fall a: 100 % gehämmerte Tiere, aber mischerbig für hohlig (C c)

0,1 \ 1,0	c	c
C	C c	C c
+	+ c	+ c

Fall b: 50 % gehämmert, aber mischerbig für hohlig (C c), 50 % bindig, aber mischerbig für hohlig (+ c)

0,1 \ 1,0	c	c
C	C c	C c
c	c c	c c

Fall c: 50 % gehämmert, aber mischerbig für hohlig (C c), 50 % hohlig (c c)

Übung 3:

0,1 \ 1,0	•	+
B^A	B^A •	B^A +
b	b •	b +

25 % rotfarbene Weibchen (B^A •), 25 % braunfarbene Weibchen (b •), 25 % rotfarbene Täuber, die mischerbig für schwarzes Pigment sind (B^A +), 25 % Täuber mit schwarzer Färbung, die mischerbig für braunes Pigment sind (b +)

Übung 4:

0,1 \ 1,0	C	+
c	c C	c +
c	c C	c +

Die 0,1 kann nicht C^T besitzen, da C^T über C dominiert und sich im Erscheinungsbild gezeigt hätte. Sie kann auch nicht C C sein, da dann alle Jungtiere C c sein müßten und Hämmerung zeigen würden. Sie kann auch nicht C c sein, da dann keine bindige Nachzucht hätte auftreten können.

Übung 5:

Fall a:

0,1 / 1,0	c	c
+	+ c	+ c
c	c c	c c

Fall b:

0,1 / 1,0	c	c
C^T	$C^T c$	$C^T c$
C^T	$C^T c$	$C^T c$

Fall c:

0,1 / 1,0	c	c
C^T	$C^T c$	$C^T c$
+	+ c	+ c

Übung 6:

Nehmen wir reinerbige Tiere als Ausgangspunkt, so sind schwarze King für die Farbe durch + + bzw. • + bei Weibchen gekennzeichnet und für den Ausbreitungsfaktor für Farbe durch S S. Braunfahle King sind für die Grundfarbe b b bzw. • b bei Weibchen. Für den Ausbreitungsfaktor gilt hier + +, d. h. er fehlt. Die Kreuzung eines braunfahlen King-Täubers mit einer schwarzen King-Täubin ergibt damit in der ersten Generation einfarbig braune King-Täubinnen und schwarze King-Täuber, die aber mischerbig für Braun sind:

Farbe:

0,1 / 1,0	•	+
b	b •	b +
b	b •	b +

Ausbreitungsfaktor:

0,1 / 1,0	S	S
+	+ S	+ S
+	+ S	+ S

Diese Jungtiere untereinander gepaart ergeben in der nächsten Generation u. a. braune King in beiden Geschlechtern.

Anhang

Symbolverzeichnis

Wildtyp (+); z. B. Felsentaube (Abb. **2**)
Zeichnung hohlig (c); z. B. Münsterländer Feldtaube (Abb. **6**)
Zeichnung gehämmert (C); z. B. Eichbühler (Abb. **7**), Poster (Abb. **8**), Brieftaube (Abb. **9**)
Zeichnung dunkelgehämmert (C^T); z. B. Persischer Roller (Abb. **11**), Deutsche Schautaube (Abb. **12**)
Zeichnung dunkelgehämmert (C^D) – Untergruppe von C^T; z. B. Englischer Modena (Abb. **90**)
Zeichnung leicht gehämmert (C^L) – Untergruppe von C^T
Brieftaubenrot (B^A); z. B. Saarlandtaube (Abb. **3**), Poster (Abb. **8**), Schöneberger Streifige (Abb. **60**)
Braun (b); z. B. King (Abb. **4**), Hannoverscher Tümmler (Abb. **17**), Berliner Kurze (Abb. **27**)
Ausbreitungsfaktor für Farbe (S); z. B. Steigerkröpfer (Abb. **13**), Pommersche Schaukappe (Abb. **14**), Hannoverscher Tümmler (Abb. **17**)
Rezessiv Rot (e); z. B. Altstämmer (Abb. **18**), Ostpreußischer Werfer (Abb. **28**), Dänischer Stieglitz (Abb. **107**)
Verdünnungsfaktor Dilution (d); z. B. Gier (Abb. **20**), Pommersche Schaukappe (Abb. **21**), Schmöllner Trommeltaube (Abb. **24**)
Verdünnungsfaktor Pale (d^p); z. B. Englischer Modena (Abb. **30**), Goldgimpel (Abb. **31**, **95**)
Reduced (r); z. B. Reduced (Abb. **32**, **33**, **34**)
Almond (St); z. B. Englischer Kurzschnäbler (Abb. **35**), Orientalischer Roller (Abb. **39**), Dänischer Tümmler (Abb. **37**)
Kennfarbigkeit/Faded (St^F); z. B. Texaner (Abb. **52**), Kennfarbige 0,1 (Abb. **53**), Kennfarbiger 1,0 (Abb. **165**)
Qualmond (St^Q); z. B. Englischer Long Faced Tümmler (Abb. **55**, **56**)
Hickory (St^H); z. B. Kreuzungstauben
Schimmel (G); z. B. Wiener Tümmler (Abb. **57**), Kölner Tümmler (Abb. **58**), Schöneberger Streifige (Abb. **60**)
Leichte Schimmelung (G^S); z. B. Lockentaube (Abb. **59**)
Tigerschimmelung (G^T); z. B. Pfautaube (Abb. **64**), Chinesentaube (Abb. **139**)
Pencilled (pc); z. B. Briver Schwarzkopf (Abb. **67**), Berner Halbschnäbler (Abb. **65**)
Eisfarbig (Ic); z. B. Damascener (Abb. **69**), Dänischer Tümmler (Abb. **70**), Polnische langschnäblige Tümmler (Abb. **71**)
Milky (my); z. B. Pfautaube (Abb. **72**), Lahore (Abb. **73**)
Indigo (In); z. B. Pommersche Schaukappe (Abb. **74**), Brieftaube (Abb. **77**, **78**)
Rezessiv Opal (o); z. B. Brieftaube (Abb. **79**, **156**)
Platin (pl); z. B. Pommersche Schaukappen (Abb. **80**, **84**)
Modena Bronze/Mahagoni (ma); z. B. Englische Modena (Abb. **89**), Cauchois (Abb. **91**, **92**)
Gimpeltauben-Bronze; z. B. Kupfergimpel (Abb. **94**), Goldgimpel (Abb. **31**, **95**)
Brander-Bronze; z. B. Berliner Kurze (Abb. **96**), Szegediner Tümmler (Abb. **97**)
Libanon-Bronze; z. B. Libanontaube (Abb. **98**), Wogatümmler (Abb. **99**)
Kite (K); z. B. Englischer Kurzschnäbler (Abb. **45**, **46**)
Tippler-Bronze; z. B. Flugtippler
Roller-Bronze; z. B. Flugroller
Toy Stencil (Ts); z. B. Feldfarbentaube (Abb. **100**), Luchstaube (Abb. **101**), Deutscher Modeneser (Abb. **104**)
Orient Stencil (fs); z. B. Orientalisches Mövchen (Abb. **110**, **111**)
Dominant Opal (Od); z. B. Strasser (Abb. **115**, **116**), Sächsischer Kröpfer (Abb. **117**)
Smoky (sy); z. B. Danziger Hochflieger (Abb. **11**), Stargarder Zitterhals (Abb. **119**), Steigerkröpfer (Abb. **13**)
Sooty (so); z. B. Brieftaube (Abb. **122**)

Anhang

Dirty (V); z. B. Erlauer Tümmler (Abb. **123**)
Albinoweiß (al); z. B. gelegentlich auftretend bei Brieftauben, Englischen Long Faced Tümmlern und Carneaux
Rezessiv Weiß (z^{wh}); z. B. Fränkische Trommeltaube (Abb. **124**), Kasaner Tümmler (Abb. **149**)
Pink-Eyed Dilute (pd); z. B. gelegentlich auftretend bei Brieftauben, Indischen Flugtauben u. a.
Gazzi-Scheckung (z); z. B. Englischer Modena (Abb. **85**), Strasser (Abb. **115**), Hanakröpfer (Abb. **159**)
Elsterung; z. B. Berliner Lange (Abb. **125**), Elsterkröpfer (Abb. **126**)
Farbenköpfigkeit; z. B. Königsberger Farbenkopf (Abb. **128**)
Weißköpfigkeit (Bh); z. B. Thüringer Weißkopf (Abb. **129**)
Scheckungen anderer Art; z. B. Kasseler Tümmler (Abb. **127**), Süddeutsche Schildtaube (Abb. **130**)
Mosaik; z. B. Mosaik bei Lahore (Abb. **132**), Mosaik bei Brieftaube (Abb. **133**)
Haube (cr); z. B. Pommersche Schaukappe (Abb. **136**), Danziger Hochflieger (Abb. **141**), Kupfergimpel (Abb. **94**)
Schnabelnelke; z. B. Bucharische Trommeltaube (Abb. **137**), Fränkische Trommeltaube (Abb. **124**)
Augenschirme; z. B. Pommersche Schaukappe (Abb. **80**, **136**)
Perückenstruktur; z. B. Perückentaube (Abb. **138**)
Halskrause; z. B. Orientalisches Mövchen (Abb. **110**), Chinesentaube (Abb. **139**)
Nasenkuppe; z. B. Chinesischer Tümmler (Abb. **140**)
Schwanzformen; z. B. Danziger Hochflieger (Abb. **141**), Pfautaube (Abb. **72**)
Sideburns (Sb); z. B. Brieftauben/King-Kreuzungen
Seidenfiedrigkeit (L); z. B. Pfautaube (Abb. **143**)
Lockung; z. B. Lockentaube (Abb. **59**, **142**)
Frayed (F); z. B. Kreuzungstauben
Fuzzy (fz); z. B. Chinesisches Mövchen (Abb. **145**)
Straggly (sc); z. B. Brieftauben
Porcubine (p); z. B. Brieftaube (Abb. **146**)

Federlosigkeit (na); z. B. Brieftauben (ausgestorben)
Nackthalsigkeit; z. B. Rumänischer Nackthalstümmler (Abb. **144**)
Grouse (gr); z. B. Persischer Roller (Abb. **11**)
Slipper (Sl); z. B. Englischer Zwergkröpfer (Abb. **148**)
Rollen/Purzeln (ro); z. B. Orientalische Roller und andere Rassen
Schlagen/Zittern; z. B. Stargarder Zitterhals (Abb. **150**)
Trommeln; z. B. verschiedene Trommeltauben
Kropfblasen; z. B. Steigerkröpfer (Abb. **13**)
Hängeflügeligkeit; z. B. Kasaner Tümmler (Abb. **149**), Berliner Kurze (Abb. **27**)
Ringschlagen; z. B. Rheinischer Ringschläger und andere Rassen
Ataxia (at); z. B. Kreuzungstauben
Erratic (er); z. B. Brieftauben
Futterblindheit (fb); z. B. Brieftauben, Schautauben, u. a.
Clumsy (cl); z. B. Brieftauben
Fehlende Bürzeldrüse (n); z. B. verschiedene Rollertauben
Amputed (am); z. B. King, Deutsche Mövchen, u. a.
Kleinäugigkeit (mi); z. B. Giant Homer
Linsentrübung (ca); z. B. Amerikanische Schönheitsbrieftauben, sogenannte „Show Racers"
Schwimmfuß (w); z. B. Brieftaube (Abb. **151**)
Letaler Schwimmfuß (w^l); z. B. Brieftauben
Vielzehigkeit (py); z. B. Polydactylie (Abb. **152**, **155**)
Vielzehigkeit bei Kingtauben (skpy); z. B. Kingtauben
Achondroplasia (ac); z. B. Achondroplasia (Abb. **154**)

Fachbegriffe

Allele, allelomorphe Gene: einander entsprechende Gene; Genpaare, die sich in Chromosomen mit gleicher Genorten-Ausstattung an gleicher Stelle befinden.

Allelie, multiple: Vorkommen eines Gens in mehr als zwei allelen Formen (z. B. Schwarz, Brieftaubenrot und Braun bei der Grundfarbe).

Chromosomen (Kernfäden): Strukturen des Zellkerns; Träger der Gene, die für die Übertragung von Merkmalen auf die Nachkommen verantwortlich sind. Die Anzahl der Chromosomen ist artenspezifisch. Bei „homologen Chromosomen" ist ein Paar in Form und Struktur sich gleichender (homologer) Chromosome vorhanden. Das Geschlechtschromosom (X-Chromosom) kommt dagegen nur bei einem Geschlecht (bei den Tauben das männliche) paarweise vor, beim anderen nur einzeln.

Dominanz, dominant: vorherrschend, überdeckend; ein Allel ist dominant, wenn es sich auch bei Mischerbigkeit überwiegend im Erscheinungsbild gegenüber dem anderen (rezessiven) durchsetzt. Von partieller oder unvollständiger Dominanz spricht man mitunter dann, wenn sich Erbfaktoren bei Mischerbigkeit nur teilweise durchsetzen und misch- und reinerbige Tiere deutlich voneinander zu unterscheiden sind.

Epistasie: Überdeckung oder Unterdrückung von Wirkungen eines Gens durch ein anderes Gen, das an einer anderen Stelle im Erbgefüge angesiedelt ist, also kein Allel darstellt. Z. B. überdeckt rezessives Rot die Grundfarben Schwarz, Brieftaubenrot und Braun.

F_1, F_2, F_3 usw.: Erste, zweite, dritte usw. Filial- oder Tochtergeneration.

Gen (Erbfaktor, Erbanlage): Träger der Erbinformationen, die im Chromosom liegen.

Genetik: Wissenschaft von der Vererbung.

Genotyp (Erbbild): Gesamtheit der Erbanlagen eines Tieres. Hinweise auf den Genotyp geben das Erscheinungsbild (Phänotyp) und Erbanalysen.

Grundfarben: Allele Schwarz, Brieftaubenrot und Braun.

Heterosis: Positive Abweichungen in der Ausbildung von Merkmalen der F_1 im Vergleich zum Durchschnitt der Eltern bei Kreuzungen.

Heterozygotie: Mischerbigkeit in bezug auf ein Genpaar.

Homozygotie: Reinerbigkeit in bezug auf ein Genpaar.

Intermediäre Vererbung: Beide Allele des Genpaares zeigen ihre Anwesenheit bei Mischerbigkeit im Erscheinungbild, das Erscheinungsbild is „dazwischenliegend". Man spricht auch von unvollständiger Dominanz.

Koppelung: Verbindung von Genen, die im gleichen Chromosom liegen und i. d. R. gemeinsam vererbt werden. Die freie Kombination dieser Gene ist damit nicht gegeben.

Koppelungsbruch (crossing over): Durchbrechung einer solchen Koppelung.

Korrelation: gleichzeitige Wirkung eines Erbfaktors auf mehrere Merkmale (Polyphänie, Pleiotropie).

Letalfaktoren: Allele, die in reinerbiger Form den Tod des Individuums bewirken.

Mutation: sprunghafte Veränderung im Erbgefüge.

Phänotyp: Erscheinungsbild. Wird durch den Genotyp und die Umwelt geprägt. Gibt insbesondere bei dominanten Erbfaktoren und bei Epistasie nur unvollständige Informationen über den Genotyp.

Polygenie: vielgenige Bestimmung eines Merkmals, mehrere Gene bestimmen gemeinsam ein Merkmal.

Populationsgenetik: Wissenschaft vom genetischen Aufbau einer Fortpflanzungsgemeinschaft.

Rezessivität, rezessiv: überdeckt. Eine Erbanlage, die sich nur bei Reinerbigkeit im Erscheinungsbild zeigt, bei Mischerbigkeit vom anderen (dominierenden) Allel überdeckt wird.

Scheckung: deutlich weiß und farbig abgegrenzte Federfluren im Gefieder, z. B. die Elster- und Weißschlagscheckung, die Farbabgrenzungen bei Schild- und Schwalbentauben, die Strasser-Scheckung.

Semiletalfaktoren: Allele, die die Lebenskraft stark herabsetzen, aber nur bei einzelnen Individuen zum frühen Tod führen.

Verdünntfarben: Farbenschläge, die die Erbfaktoren „Dilution" und „Pale" besitzen, z. B. Dun, Gelb, Blaufahl, Gelbfahl, Khaki, Khakifahl usw. Farbenschläge, die diese Faktoren nicht besitzen, wie z. B. Blau, Rotfahl, Braunfahl, Schwarz, Rot und Braun, zählen dagegen zu den Intensivfarben.

Wild-Typ: entspricht bei den Tauben dem Erscheinungsbild und Verhalten der Felsentaube.

Wild-Typ-Gen: Erbanlage des Wild-Typs, Gen-Symbol +.

Zeichnung: Muster der Verteilung der jeweiligen Grundfarbe auf dem Gefieder (Allele, Hohlig, Binden, Hämmerung, dunkle Hämmerung).

5

Anhang

Anhang

Typische Erbstruktur verschiedener Farbenschläge
(Abweichungen vom Wildtyp)

Blau mit Binden (+ für alle Merkmale); z. B. Abb. **2**
Blau ohne Binden (c); z. B. Abb. **6**
Blaugehämmert (C); z. B. Abb. **7**
Dunkel (C^T); z. B. Abb. **12**
Braunfahl mit Binden (b); z. B. Abb. **4**
Braunfahl ohne Binden (b;c)
Braunfahlgehämmert (b;C); z. B. Abb. **9**
Braunfahldunkelgehämmert (b;C^T)
Fahl mit roten Binden (B^A); z. B. Abb. **3**
Fahl ohne Binden (B^A;c)
Rotfahlgehämmert (B^A;C); z. B. Abb. **8**
Rot mit hellen Schwingen und Schwanz/Dominant Rot (B^A;C^T); z. B. Abb. **11**
Blaufahl mit Binden (d); z. B. Abb. **24**
Blaufahl ohne Binden (d;c); z. B. Abb. **25**
Blaufahlgehämmert (d;C); z. B. Abb. **26**
Blaufahldunkelgehämmert (d;C^T)
Khakifahl mit Binden (b;d); z. B. Abb. **27**
Khakifahl ohne Binden (b;c;d)
Khakifahlgehämmert (b;C;d)
Khakifahldunkelgehämmert (b;C^T;d)
Fahl mit gelben Binden/Gelbfahl (B^A;d) z. B. Abb. **20**
Gelbfahl ohne Binden (B^A;c;d)
Gelbfahlgehämmert (B^A;C;d); z. B. Abb. **22**
Gelb mit hellen Schwingen und Schwanz/Dominant Gelb (B^A;C^T;d); z. B. Abb. **144**
Schwarz (S); z. B. Abb. **13**
Braun (b;S); z. B. Abb. **17**
Fahl/einfarbig (B^A;S); z. B. Abb. **14**, **15**, **16**
Dun (S;d); z. B. Abb. **21**
Khaki (b;S;d)
Creme (B^A;S;d)
Rezessiv Rot (e; oft S); z. B. Abb. **18**
Rezessiv Gelb (e;d; oft S); z. B. Abb. **28**
Gold (e;d^p); z. B. Abb. **30**
Blauschimmel (G +); z. B. Abb. **58**
Rotschimmel (B^A;G +)
Gelbschimmel (B^A;G +;d)
Weiß mit dunklen Augen (z^{wh}); z. B. Abb. **124**, **149**
Weiß mit roten Augen oder Perlaugen (B^A;G;S); z. B. Abb. **136**, **141**
Kite (C^T;K); z. B. Abb. **45**
Golddun (C^T;K;d); z. B. Abb. **46**
Almond/Englische Kurzschnäbler (C^T;e +;G +;St +); z. B. Abb. **35**, **36**
Qualmond (St^Q +); z. B. Abb. **55**
Kennfarbigkeit (St^F); z. B. Abb. **52**, **53**, **54**
Agate Rot (e;K;C^T); z. B. Abb. **43**, **48**
Agate Gelb (e;K;C^T;d); z. B. Abb. **49**
De Roy (e;K;C^T;St +); z. B. Abb. **47**
Indigoblau mit Binden (In +); z. B. Abb. **76**
Indigogehämmert (In +;C); z. B. Abb. **78**
Andalusierblau (In +;S); z. B. Abb. **74**, **163**
Opal mit Binden (o)
Opalgehämmert (o;C); z. B. Abb. **79**, **156**
Silber (S;my); z. B. Abb. **73**
Silberpuder (my); z. B. Abb. **72**
Silberpudergehämmert (my;C)
Eisfarbig mit Binden (lc); z. B. Abb. **69**
Eisfarbig ohne Binden (lc;c)
Eisfarbiggehämmert/Forellentaube (lc;C)
Perlblau (lc;d); z. B. Abb. **70**
Perlfarbig (b;lc); z. B. Abb. **71**
Schwarzsprenkel und Graustipper (S;St +); z. B. Abb. **40**, **51**
Orientalische Mövchen
– Blau mit weißen Binden (fs); z. B. Abb. **113**
– Blaugeschuppt (fs;C)
– Schwarzgesäumt (fs;C;S); z. B. Abb. **110**, **11**
– Braunfahl mit weißen Binden (b;fs)
– Braunfahlgeschuppt (b;fs;C)
– Braungesäumt (b;fs;C;S); z. B. Abb. **114**

- Rot mit weißen Binden (e;fs)
- Rotgeschuppt (e;fs;C)
- Rotgesäumt (e;fs;C;S)
- Blaufahl mit weißen Binden (d;fs)
- Blaufahlgeschuppt (d;fs;C)
- Dungesäumt (d;fs;C;S)
- Khakifahl mit weißen Binden (b;d;fs)
- Khakigeschuppt/Goldsulfur (b;C;d;fs)
- Khakigesäumt (b;C;d;fs;S); z. B. Abb. **114**
- Gelb mit weißen Binden (e;d;fs)
- Gelbgeschuppt (e;d;fs;C)
- Gelbgesäumt (e;d;fs;C;S)

Weißschild Rot (C^T;e;G); z. B. Abb. **62**
Weißschild Gelb (C^T; e;G;d)
Weißschild Schwarz (C^T;e +; G;S; Bronze)
Weißschild Dun (C^T;e +;G;S;d; Bronze)
Hellblau mit weißen Binden (Od +); z. B. Abb. **115**
Hellblau weißgeschuppt (Od +;C)
Isabell (B^A;e;Od +;d); z. B. Abb. **117**
Schwarz mit weißen Binden und hellen Schwingen und Schwanz (Od +;S)
Schwarz weißgeschuppt mit hellen Schwingen und Schwanz (Od +;C;S); z. B. Abb. **116**
Blaugeschuppt (Ts;C); z. B. Abb. **101**
Blau mit weißen Binden (Ts); z. B. Abb. **100**
Schwarz mit weißen Binden (Ts;S); z. B. Abb. **106**
Schwarz-Weißgeschuppt (Ts;S;C); z. B. Abb. **103**
Blau und Dunkel hellschildig (Ts;C^T); z. B. Abb. **102**
Schwarz hellschildig (Ts;C^T;S)
Schimmelköpfe (G +;C bzw. C^T)
Tiger Schwarz (G^T +;S); z. B. Abb. **64**
Tiger Rot (G^T +;S;e); z. B. Abb. **139**
Tiger Gelb (G^T +;S;e;d)
Kupfergimpel (C^T;K^A); z. B. Abb. **94**
Goldgimpel (C^T;K^A;d^p)
Kupfer-Weißflügel (B^A;+ bzw. c;+ e;K^A)
Gold-Weißflügel (B^A;+ bzw. c;+ e;K^A;d^p); z. B. Abb. **95**
Flander, Kupfrige (C^T;+ e;K^B); z. B. Abb. **96**
Sulfur (C^T;e +;K^B;d)
Blau mit Bronzebinden (K^M)

Blaufahl mit Sulfurbinden (K^M;d)
Blau bronzegehämmert (K^M;C); z. B. Abb. **85**, **91**
Blaufahl sulfurgehämmert (K^M;C;d); z. B. Abb. **92**
Blau bronzeschildig gehämmert, gesäumt bzw. ungesäumt/Dunkelbronzeschildig (K^M;C^T); z. B. Abb. **89**, **90**
Blaufahl sulfurschildig/Ocker sulfurschildig (K^M;C^T;d)
Braunfahl mit Bronzebinden (b;K^M); z. B. Abb. **86**
Khakifahl mit Sulfurbinden (b;K^M;d); z. B. Abb. **87**
Braunfahl bronzegehämmert (b;K^M;C)
Khakifahl sulfurgehämmert (b;K^M;C;d)
Braun bronzeschildig gehämmert, gesäumt bzw. ungesäumt (b;K^M;C^T;d)
Spiegelschwänze Rot (B^A;C^T; Libanon-Bronze); z. B. Abb. **98**, **99**
Spiegelschwänze Gelb (B^A;C^T; Libanon-Bronze;d)
Rot mit weißen Binden (e;Ts)
Gelb mit weißen Binden (e;Ts;d)
Rot weißgeschuppt (e;Ts;C)

Rot hellschildig (e;Ts;C^T)
Gelb weißgeschuppt (e;Ts;C;d)
Gelb hellschildig (e;Ts;C^T;d); z. B. Abb. **104**
Eisfarbig weißbindig (Ts;Ic)
Eisfarbig weißgeschuppt (Ts;Ic;C); z. B. Abb. **109**

Literaturverzeichnis

Beuing, R., Paarungsverfahren in der Taubenzucht, Biebertal 1979

Blaine, J. C., The English Long Faced Tumbler, Hutchinson 1978

Christie, W. und Wriedt, C., Charaktere bei der Perükkentaube, dem Kalottentümmler und dem Brünner-Kröpfer, Zeitschrift für induktive Abstammungs- und Vererbungslehre 45 (1927), S. 334 ff.

Christie, W. und Wriedt, C., Die Vererbung von Zeichnungen, Farben und anderen Charakteren bei Tauben, Zeitschrift für induktive Abstammungs- und Vererbungslehre 32 (1923), S. 233 ff.

Christie, W. und Wriedt, C., Schokolade, ein neuer geschlechtsgebundener Farbenfaktor bei Tauben, Zeitschrift für induktive Abstammungs- und Vererbungslehre 43 (1927), S. 391 ff.

Cole, L. J., A case of sex-linked inheritance in the domestic pigeon, Science 36 (1912), S. 190 ff.

Cole, L. J., Studies on inheritance in pigeons: I. Hereditary relations of the principal colors, Rhode Island State College Agric. Exper. Station Bull. 158, 1914

Cook Jr., P. P., Genetics Made Simple. With Special Reference to Pigeons, Seattle 1975

Entrikin, R. K. und Erway, L. C., A Genetic Investigation of Roller and Tumbler Pigeons, Journal of Heredity 63 (1972), S. 351 ff.

Fulton, R., The Illustrated Book of Pigeons, London, Paris, New York und Melbourne 1876

Gibson, L. P., Pigeon Genetics, news, views and comments, Editors Featured Genetic Trait, no. 1 : 3, 3 : 3, 4 : 3, 5 : 3 (1983–84)

Golley, P. M., Up to Date Color Standard Needed for Oriental Frills, American Pigeon Journal, August 1961, Nachdruck November 1975, S. 782 ff.

Graefe, C. F., First Report on a New Sex- Linked Color, National Pigeon Association Year Book 1951, S. 39 ff.

Gray, A. P., Birds Hybrids, A Check-List with Bibliography, Bucks, England 1958

Harms, J. W., Untersuchungen über Haustaubenrassen, Jenaische Zeitschrift für Naturwissenschaft, 72. Band (N.F. 65. Bd.), 1939, S. 3 ff.

Hawkinson, W., Vienna White Shield Tumblers, American Pigeon Journal, March 1981, S. 36

Hollander, W. F. und Miller, W. J., A New Sex-Linked Mutation, Web-Lethal from Racing Homers, American Racing Pigeon News, Okt. 1982

Hollander, W. F., Auto-Sexing in the Domestic Pigeon, Journal of Heredity 33 (1942), S. 135 ff.

Hollander, W. F., Inheritance of Certain "Blue-Black" Patterns and "Bleached" Colorations in the Domestic Pigeon, Genetics 23 (1938), S. 12 ff.

Hollander, W. F., Lethal Achondroplasia in the Pigeon, Journal of Heredity 36 (1945), S. 297 ff.

Hollander, W. F., On the Origins of Domestic Genes, verschiedene Folgen über Erbfaktoren oder Gruppen von Erbfaktoren. Zum Teil abgedruckt in der Pigeon Genetic News Letter (P.G.N.L.) und der Pigeon Science and Genetics Newsletter sowie in "Origins and Excursions in Pigeon Genetics". U. a. "Checker" (1969), "Grizzle" (1971) in P.G.N.L. no 50 bzw. 59

Hollander, W. F., Origins and Excursions in Pigeon Genetics, publiziert durch: The Inc Spot, Inc. P.O. Box 496, Burrton, Kansas 67020, 1983

Hollander, W. F. und Levi, W. M., Polydactyly, A Sub Lethal Character in the Pigeon, Journal of Heredity 33 (1942), S. 385 ff.

Hollander, W. F., Sectorial Mosaiks in the Domestic Pigeon: 25 More Years, Journal of Heredity 6 (1975), S. 197 ff.

Horlacher, W. R., Studies on Inheritance of Pigeon VII. Inheritance of red and black color patterns pigeons, Genetics 15 (1930), S. 312 ff.

Jaaps, R. G. und Hollander, W. F., Wild-type as Standard in Poultry Genetics, Poultry Science, Vol. 3 (1954), S. 94 ff.

Kvidera, T., Interim Report on Red Whiteside, American Pigeon Journal, March 1982, S. 17 ff.

Levi, W. M., Encyclopedia of Pigeon Breeds, Jersy City, New Jersy 1965

Levi, W. M., The Pigeon, Sumter 1941, Reprinted 1969

Mangile, R. J., Erratic, A Behavioral Mutant in the Pigeon, Pigeon Genetics, news, views and comments, no. 2 : 7–11 (1983)

Mangile, R. J., Evidence suggests allelism of "Gazzi" and "Recessive White", Pigeon Genetics, news, views and comments, no. 7 : 3–7 (August 1984)

Metzelaar, J., Color Breeding in Pigeon Plumage, American Pigeon Keeper 1926

Miller, W. J. und Hollander, W. F., The Quest for Linkages, Pigeon Science and Genetics Newsletter 8 : 13–14 (1977)

Münst, A., Kleinod der Züchterkunst, Die Böhmische Flügelschecke, Deutscher Kleintierzüchter 1975, Nr. 6, S. 10–12

Pirchner, F., Populationsgenetik in der Tierzucht, 2. Auflage, Hamburg und Berlin 1979

Prütz, G., Illustrirtes Mustertaubenbuch, Hamburg 1885

Quinn, J. W., The Pigeon Breeders Notebook. An Introduction to Pigeon Science, o. O., 1971

Rinehart, D. A. (Hrsg.), Pigeon Science and Genetics Newsletter, no. 1–9 (1976–80)

Roof, Ph. L., Practical Color Genetics in Breeding Frills, American Pigeon Journal, Nov. 1975, S. 806–808

Sell, A., Genetics of the Eye-Crests of the Pomeranian Eye-Crested Highfliers (Pommersche Schaukappen), Pigeon Science and Genetics Newsletter 6 : 5–7 (1977)

Sell, A., Vererbung bei Tauben, Traventhal 1980

Vogel, K. u. a., Die Taube: Biologie, Haltung, Fütterung; Berlin 1979

Vogel, K. u. a., Die Taube: Taubenkrankheiten, 4. Aufl. Berlin 1983

V., Gründlicher Unterricht in der Taubenzucht. Nach dreißigjähriger Erfahrung aufgesetzt und zum allgemeinen Nutzen und Vergnügen herausgegeben von einem Taubenfreunde, Berlin 1798 (bei Friedrich Maurer)

Register

Die fettgedruckten Seitenzahlen beziehen sich auf Abbildungen.

Achondroplasia **142**, 142
Agate 58, 78 ff
Albinoweiß 126
Allel 13, 16, 17, 21, 37, 38, 59, 67, 70, 85, 87, 90, 114, 132, 148, 171, 184, 194
Allele, multiple 21, 194
Almond 55, 58, 74 ff, 126, 148, 162, 166, 171, 184
Altstämmer **58**
Amputated 141
Analyse, genetische 17
Andalusierblau 56, 96
Aschrot = Dominant Rot
Ataxia 141
Atlasfarbig 64
Aufspaltungsregel 27
Augendefekt = Sehdefekt
Augenfarbe 15, 16
Augenschirm 132, 148
Augenzittern 142
Ausbreitungsfaktor, Farbe 16, 19, 20, 36 ff, 42 ff, 184
Ausstellungsking 142

Bagdette, Tschechische 92
Baldhead = Weißköpfigkeit
Balzverhalten 141
Bindig 18 ff
Bipaternity 131
Blau 13, 18, 20
Blaufahl 18, 20
Blaugehämmert 18, 20
Blauhohlig 18, 20
Blindheit 141, 142
Blondinetten **117**, 118, **119**
Boden-Roller 140
Brander, Dänischer 105, 110
Brander-Bronze 76, 105, 110 ff
Braun 18, 171
Braunfahl 18, 20
Braunfahldunkelgehämmert 19, 20
Braunfahlgehämmert 19, 20
Braunstipper 75, 76, 80, 82
Brieftaube 17, 18, **21**, **37**, 59, 87, 89, 96, **97**, 98, **101**, **123**, 123, **125**, **130**, **135**, **141**, **145**, 156 ff
Brieftaubenrot = Dominant Rot
Bronze 64, 74, 78, 104 ff
Bronze-Stencil = Modena-Bronze

Brüster, Sächsischer **92**
Bürzeldrüse, fehlende 141

Carneau 96
Cateract 142
Cauchois 105, 106, **108**, 108, **109**, 113
Checker = Hämmerung
Chinesentaube **37**, **75**, **133**, 133
Chromosomen 12 ff, 144, 147, 194
Chromosomenpaar 12
Clumsy 141, 173
Crest = Kappe
Crossing-over = Koppelungsbruch

Damascener **93**, 93
De Roy 78
Diagnoseprobleme 55 ff
Dilution 62 ff, 71, 74
Dirty 125 ff, 185
Dominant Opal 58, 92, 114, 120 ff
Dominant Rot 17 ff, 20, 58 ff, 162, 171
Dominanz (dominant) 15, 16, 194
Dominanz, partielle (partiell dominant) 90, 114, 151, 152
Dragoon **22**, 87, 88, 91
Dun 18, 65, 68
Dunkel 18, 20
Dunkelgehämmert 18

Eichbühler **21**
Einfarbige, Thüringer 85, **86**, 102
Einfarbigkeit 19
Eisfarben 18, 64, 93 ff
Eisfaktor 115
Eistaube 93, 113, 115, **116**
Elsterkröpfer 127, **128**
Elsterpurzler 127
Elster-Scheckung 127
Eltern 12, 25
Erbanlage 12 ff, 35, 42 ff, 45 ff, 55 ff, 194
Erbbild = Erbanlage
Erbfaktor = Gen
Erbfaktoren, Ausmendeln von 173 ff
Erbfaktoren, Austesten von 170 ff
Erbfaktoren, Einführung von 163 ff
Erbfaktoren, zusammengehörende = Allele
Erbgefüge 14, 16
Erbgut = Erbanlage
Erbinformation = Erbanlage
Erbstruktur, typische, verschiedener Farbenschläge, incl. Verzeichnis der entsprechenden Tauben 196 ff

Erbversuche 144
Erdbeerfarbig 36
Erratic 141, 171 ff, 173
Erscheinungsbild 12, 55, 194

Fachbegriffe, Verzeichnis der genetischen 194 ff
Faded 85, 126, 148, 165
Fahl 18, 20
Fahlhohlig 18
Faktorenaustausch 144, 146
Faktorenkoppelung 30, 68, 101, 140, 144 ff, 157, 194
Faktoren, modifizierende 17 ff, 55, 65, 110, 132, 151
Faktorgruppe 13, 45 ff
Farbenköpfigkeit 128
Farbenkopf, Königsberger **128**
Farbenschläge 13, 17 ff, 196 ff
Farbentauben 17, 105, 112
Federlänge 151
Federstruktur, im Kopfbereich 132 ff
Federstrukturen, allgemein 15, 16, 132 ff, 148, 169
Feed-blind = Futterblindheit
Feldfarbentaube **113**
Feldtaube, Münsterländer **21**
Felsentaube **15**, 18, 170
Flügelschnecke, Böhmische **129**, 129
Flügelstellen 141
Flügeltaube, Sächsische **114**
Flugroller 140
Flugtippler 105
Frayed 134
Frill-Stencil = Orient-Stencil
Frizzy 134
Futterblindheit 28, 141

Gazzi-Scheckung 127
Gebrauchskreuzungen 159, 178 ff
Gekräuselt = Frizzy
Gelbfahl 17
Gelbfahlgehämmert 17
Gelbstipper **75**, 76, 79
Gen 12 ff, 144, 147, 150, 194
Gene, additive 132, 150, 159
Gene, geschlechtsgekoppelte 30
Genetik 194
Genotyp = Erbanlage
Genveränderungen 14
Geschlechtschromosom 29, 71, 74
Geschlechtsdimorphismus 102
Geschlechtszellen 14

Geschwisterpaarung = Inzucht
Giant Homer 73
Gier **64**
Gimpeltauben-Bronze 105, 109
Gold 70
Golddun 64, 78, 82, 112
Goldgimpel **70, 109,** 109
Graustipper **76,** 76, 84
Grizzle = Schimmelfaktor
Grouse 135
Grundfarben 13 ff, 16 ff, 29 ff, 42 ff, 45, 148, 171, 194
Grundfragen 12 ff

Hämmerung 18 ff
Hämmerung, dunkle 18 ff
Halbschnäbler, Berner **92**
Halskrause 133, 152 ff
Hanakröpfer **148**
Haube = Kappe
Hauptfärbungen 16 ff
Haustauben 13, 14, 17
Heterosis-Effekt 159, 178, 180, 181, 194
Heterozygotie 194
Hickory 87, 148
Hochflieger, Danziger 92, **122,** 132, **134**
Hochflieger, Niederländischer **90**
Hochflieger, Polnischer 93
Hochflug 141
Hochflugtauben 141
Hohlig 18 ff
Hohltaube 14
Homozygotie 194
Hyazinthfarbig 108
Hybrid **15**

Imponierflug 141
Indigo 56, 63, 96 ff, 126, 164, 171, 184
Intensivfarben 62 ff
Inzucht 178 ff
Inzuchtlinien 178 ff
Inzuchtschäden 174, 178 ff
Kappe, Vererbung 132, 136 ff, 148, 150, 169
Kennfarbigkeit 85 ff, 165
Kernfäden = Chromosomen
Khaki 65, 67
Klang **18,** 59, 123, 142
Klatte 64, 74, 76, 78 ff, 105, 112, 166
Klatschen 141
Kleinäugigkeit = Mikrophthalmie
Körperbau 12
Körperzellen 14

Kombinationskreuzungen 163
Kombinationsregel 45
Kopfstruktur 16
Koppelung = Faktorenkoppelung
Koppelungsbruch 120, 144, 147, 194
Koppelungsgruppen 147, 148
Korrelation 140, 148 ff, 157, 194
Kreuzung 14, 163
Kröpfer 17, 141
Kröpfer, Brünner 120
Kröpfer, Sächsischer 65, 120, **121**
Kropfblasen 140
Kupfergimpel 70, **109,** 109, 132
Kupfrige, Berliner 105, 110
Kurzbezeichnungen, Erbfaktoren 15 ff
Kurze, Berliner **67,** 89, **110**

Lachtaube 14
Lahore 94, **95,** 98, **130, 131,** 162, 163, 170
Lange, Berliner **126,** 127
Lavendel 36
Leistungsanlagen, Vererbung 156 ff
Lerche, Coburger 65, **66**
Lerche, Nürnberger 105
Letalfaktor 120, 142, 177, 194
Libanon-Bronze 105, 109, 111
Libanontaube 105, 111, **111**
Linsentrübung = Cateract
Lockentaube **88,** 88, 90, **134,** 134
Lockung 134
Long Faced Tümmler, Englischer 73, **86, 87,** 96
Luchstaube 105, 113, **113**

Mäusertaube, Thüringer **149**
Magnani 75, 76
Mahagoni = Modena-Bronze
Marmorstar **115**
Mendel 30, 159
Merkmale 12, 14, 29 ff
Merkmale, geschlechtsgebundene 31
Merkmale, qualitative 150
Merkmale, quantitative 150 ff
Merkmale, vielgenige 133, 150, 194
Mikrophthalmie 142
Milky 36, 56, 58, 63, 94 ff, 162, 169, 170, 184
Mischerbigkeit 14 ff
Modena-Bronze 105, 106 ff, 110, 162
Modena, Englischer **70,** 76, 96, **106,** 106, **107, 108,** 113
Modeneser, Deutscher 74, 76, 113, **113, 114**
Mövchen, Chinesisches **135**
Mövchen, Italienisches **65,** 93

Mövchen, Orientalisches 111, **117, 119**
Mosaik 101, 130 ff
Muschelkappe 132, 150
Muselkopf 89
Musterbeschreibung 13, 75, 123
Mutation 14, 87, 170, 181, 184, 194
Mutation, somatische 14

Nachkommen 12
Nachzucht = Nachkommen
Nackthalstümmler, Rumänischer **135**
Naked 135
Nasenkuppe 133
Nebenfarben 74, 79, 83, 84
No oil gland = Bürzeldrüse, fehlende

Orange 70
Orientierungsfähigkeit 141, 156
Orient Stencil 58, 111, 117 ff, 121, 162

Paarung 13 ff
Pale 70 ff, 109
Passerpaarungen 180, 181
Pencilled 91 ff
Perlauge 141
Perlauge, falsches 63
Perlblau 64, 93
Perückentaube 132, **133,** 151
Petenten, Norwegische 128, 151
Pfautaube 73, 74, **91, 94,** 111, **134**
Pfirsichblütenfarben 108
Phänotyp = Erscheinungsbild
Pigment 13
Pink-Eyed Dilute 127
Platin 102 ff, 162, 169
Pleiotropie = Polyphänie
Polydactylie **141, 142,** 142
Polygenie = Merkmale, vielgenige
Polygenie, additive 150
Polyphänie 194
Populationsgenetik 159 ff, 194
Porcubine **135,** 135, 172, 173, 176
Poster **21**
Probepaarung 28, 37, 43, 56, 58, 153, 170, 175, 186
Punnet-Quadrat 22

Qualmond 87, 148, 166
Quinn-Mutante 87

Rauchfarben = Smoky
Reduced 71 ff, 98, 103, 148, 167
Reinerbigkeit 14 ff

201

Rezessiv Gelb 64
Rezessiv Opal 98, 101, 169, 171
Rezessiv Rot 17, 18, 58 ff, 162, 168, 185
Rezessivität (rezessiv) 15, 16, 195
Rezessivität, partielle (partiell rezessiv) 151
Ringeltaube 14
Ringschlagtauben 141
Rolleigenschaften 140
Roller, Orientalischer 74, **75**, 77, 84, **84**
Roller, Persischer **24**, 135
Roller-Bronze 105, 112
Rollertauben 141
Rotfahl 17, 18
Rotfahldunkelgehämmert 18
Rotfahlgehämmert 13, 17, 18, 20
Rückkreuzung 140, 169, 171
Rückpaarung 14, 28, 41, 103, 113, 124, 135, 151, 152, 154 ff, 169

Saarlandtaube **17**
Satinetten 117, **117**, 118
Schaukappe, Pommersche **37**, 65, **96**, **97**, 99, **102**, 103, **104**, 123, 126, **132**, 148, **163**
Schaurollertaube 105
Schautaube, Deutsche 18, **24**, 28, 87, 88, 91, 123
Schautippler 110
Scheckfaktor 110, 112, 117, 127 ff, 195
Scheckung, einseitige 131
Schildtaube, Süddeutsche **129**
Schilffärbung 90
Schimmelfaktor 58, 74, 78, 80, 87 ff, 108, 110, 112, 126
Schnabellänge 150 ff
Schnabelnelke 132
Schnabelrosette 132
Schnippe 149
Schokolade = Braun
Schwalbe, Nürnberger **149**
Schwalbe, Sächsische **136**
Schwalbe, Thüringer 149
Schwalbentauben 113
Schwanzbreite 134
Schwanzform 134
Schwarz 18, 20
Schwarzkopf, Briver 91, **92**
Schwimmfuß 55, **141**, 142
Scraggly 135, 173
Sehdefekt 74, 80, 85, 141, 171
Seidenfiedrigkeit 134
Semiletalfaktor 195
Sideburns 133

Silberpuder 94
Silberschuppen 113, 115
Slight grizzle 90
Slipper 135
Smoky 55, 59, 64, 102, 122 ff, 148, 184
Soloflieger 141
Sooty 29, 125 ff
Spaniertaube 92
Sperberung 103
Spitzkappe 132
Sread Ash 36
Sread Faktor = Ausbreitungsfaktor, Farbe
Spread Milky 98
Sprenkel 75 ff, 84, 166
Stadttaube 89
Standard 26, 84, 108
Starenhals = Stårhals
Starhals 113, **115**, 115
Steigerkröpfer **37**, 59
Sticke, Hamburger 93
Stieglitz, Dänischer 113, **115**, 115
Stipper 75, 77
Stipper, Dänischer 76
Stirnfleck = Schnippe
Strasser 113, **120**, 121
Strasser-Scheckung 127
Streifige, Schöneberger **89**
Sulfur 64, 110
Symbole = Kurzbezeichnungen, Erbfaktoren
Symbolverzeichnis, incl. Verzeichnis der entsprechenden Tauben 192 ff

Testkreuzung 98
Testpaarung = Probepaarung
Tête Noire de Brive = Schwarzkopf, Briver
Texaner **85**, 102
Tiger 64, 90, 91
Tiger grizzle 90
Tigermohr, Süddeutscher **89**
Tintenflecke 32, 33, 35
Tippler-Bronze 105, 112
Toy Stencil 19, 58, 92, 98, 105, 108, 112 ff, 119, 120, 121, 162
Toy Stencil-Bronze = Toy Stencil
T-pattern checker = Hämmerung, dunkle
Trommeltaube, Arabische 67
Trommeltaube, Bucharische **132**
Trommeltaube, Fränkische **126**
Trommeltaube, Schmöllner **66**
Trommeltauben 140
Truppeltaube 141
Tümmler 17
Tümmler, Chinesischer **133**

Tümmler, Dänischer 74, **75**, **76**, 76, **77**, 84, **93**, 127, 129, 151
Tümmler, Englischer Kurzschnäbeliger 74, **74**, 76, 78, **78**, 79, **79**, 84
Tümmler, Erlauer **125**
Tümmler, Hannoverscher **37**
Tümmler, Kasaner **139**
Tümmler, Kasseler **128**
Tümmler, Kölner **88**
Tümmler, Polnischer Langschnäbeliger 93, **94**
Tümmler, Prager **151**
Tümmlerrot = Rezessiv Rot
Tümmler, Siebenbürger, doppelkuppiger 132
Tümmler, Szegediner **110**, 110
Tümmler, Wiener **88**

Undergrizzle 90

Verdrängungskreuzung 164, 169
Verdünnungsfaktoren 62 ff, 184
Verdünntfarben 18, 62 ff, 195
Vererbung 13, 14
Vererbung, geschlechtsgebundene 14, 16, 38, 170
Vererbung, geschlechtsgekoppelte = Vererbung, geschlechtsgebundene
Vererbung, intermediäre 15, 194
Vererbung, nicht geschlechtsgebundene 16
Vererbungslehre 12
Vererbungsschema 16
Verhalten 12, 139 ff
Verwandtschaftszucht 178
Vielzehigkeit = Polydactylie
Vitalität, mangelnde 81, 142

Wammentaube, Syrische 85
Web-foot 142
Weiß 126 ff
Weißköpfigkeit 128
Weißkopf, Thüringer **128**
Weißschild 64, 89, 90
Weißschild, Wiener 89, **90**
Weißschwänzigkeit 129
Werfer, Ostpreußischer **67**
Wesen, scheues 140
Wild-Typ 16, 19, 38, 59, 70, 74, 101, 102, 109, 132, 162, 170, 195
Wolgatümmler **111**

Zeichnung 12 ff, 21 ff, 29, 36, 42 ff, 195
Zellen, somatische = Körperzellen
Zellteilung 14
Zeugung 12

Zitterhals, Stargarder 59, **123,** 140, **140**
Zuchtbuch 28
Zuchtplan 175 ff
Zucht, systematische 14
Zuchtziel 14
Zwergkröpfer, Englischer 135, **136**

Hinweise

Zum Thema „Tauben" sind in der Schober Verlags-GmbH weitere Titel erschienen:

■ Handbuch der Tauben
Band II / Rassetauben
von Erich Müller und Ludwig Schrag
252 Seiten, 376 farbige Abbildungen (größtenteils Farbfotos),
1 s/w Foto, 6 Tabellen
ISBN 3-88620-030-2 / DM 67,30

Das Buch ist unter dem Titel „Fancy Pigeons" auch in **englischer Sprache** erschienen.

■ Gesunde Tauben
Erkennung, Vorbeuge und Behandlung der wichtigsten Taubenkrankheiten
von Ludwig Schrag et al.
108 Seiten, 97 farbige Abbildungen (größtenteils Farbfotos), 1 s/w Foto
ISBN 3-88620-011-6 / DM 37,50

Das Buch ist unter dem Titel „Healthy Pigeons" auch in **englischer Sprache** erschienen. **Französisch** und **Holländisch** sind in Vorbereitung (erscheinen 1987). Ferner ist eine **Dia-Serie** erhältlich, zu der wir Ihnen gerne weitere Informationen zusenden.

■ Die Taube
Taubenkrankheiten
von Kurt Vogel et al.
432 Seiten, 92 s/w Fotos, 58 Farbfotos, 132 Zeichnungen, zahlreiche Tabellen
ISBN 3-88620-040-X / DM 58,50

Wenn Sie Fragen haben oder weitere Informationen wünschen, so setzen Sie sich doch einfach mit uns in Verbindung:

Schober Verlags-GmbH
Donaustraße 23, Postfach 4
D-8355 Hengersberg
Telefon: (0 99 01) 69 39
Telex: 6 98 76